Vielen Dank für Ihren Kauf!

Denken Sie daran, uns einen Kommentar auf Amazon zu hinterlassen, um uns Ihr Feedback zu geben.

Am Ende der Broschüre finden Sie einen QR-Code, den Sie einscannen können, um uns Ihre Meinung mitzuteilen.

Schauen Sie sich auch die anderen Bücher der Sammlung am Ende des Heftes an.

Viel Spaß beim Lernen!

a

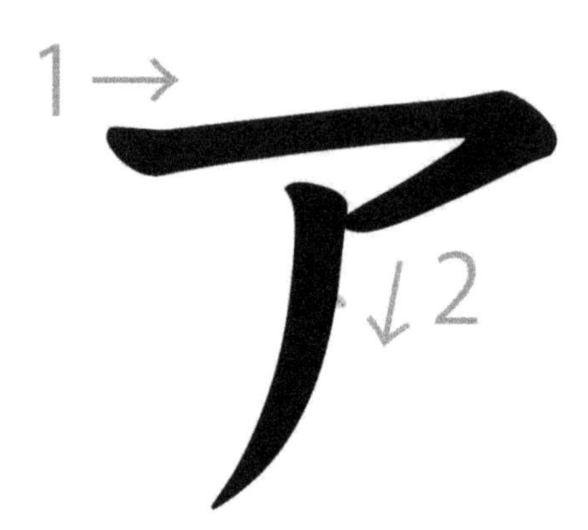

ア
ア

ア	ア	ア	ア	ア	ア	ア	ア	ア	ア	ア	
ア	ア	ア	ア	ア	ア	ア	ア	ア	ア	ア	
ア	ア	ア	ア	ア	ア	ア	ア	ア	ア	ア	
ア	ア	ア	ア	ア	ア	ア	ア	ア	ア		
ア											
ア											
ア											
ア											
ア											
ア											
ア											

アアアアアアアアアアア
アアアアアアアアアアア
アアアアアアアアアアア
アアアアアアアアアアア
ア
ア
ア
ア
ア
ア
ア
ア
ア
ア
ア

i

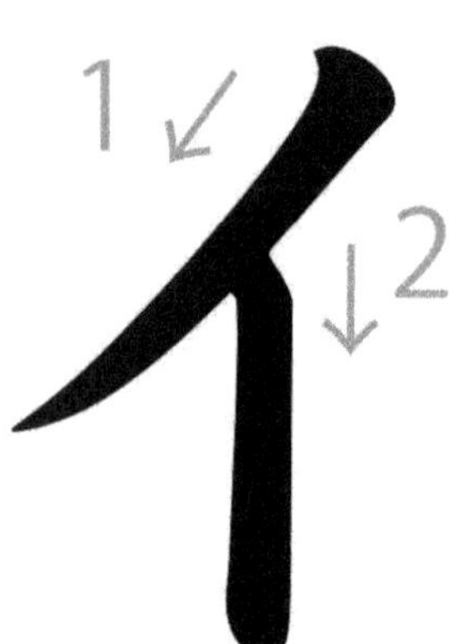

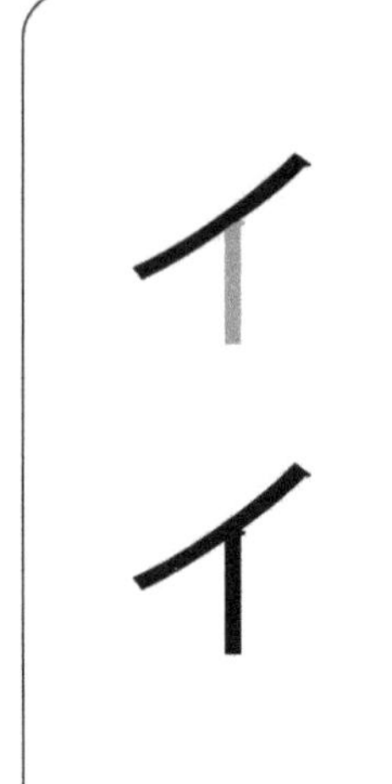

イ	イ	イ	イ	イ	イ	イ	イ	イ	イ	イ	
イ	イ	イ	イ	イ	イ	イ	イ	イ	イ	イ	
イ	イ	イ	イ	イ	イ	イ	イ	イ	イ	イ	
イ	イ	イ	イ	イ	イ	イ	イ	イ	イ		
イ											
イ											
イ											
イ											
イ											
イ											
イ											

イ	イ	イ	イ	イ	イ	イ	イ	イ	イ	イ	
イ	イ	イ	イ	イ	イ	イ	イ	イ	イ	イ	
イ	イ	イ	イ	イ	イ	イ	イ	イ	イ	イ	
イ	イ	イ	イ	イ	イ	イ	イ	イ	イ	イ	
イ											
イ											
イ											
イ											
イ											
イ											
イ											
イ											
イ											
イ											
イ											

u

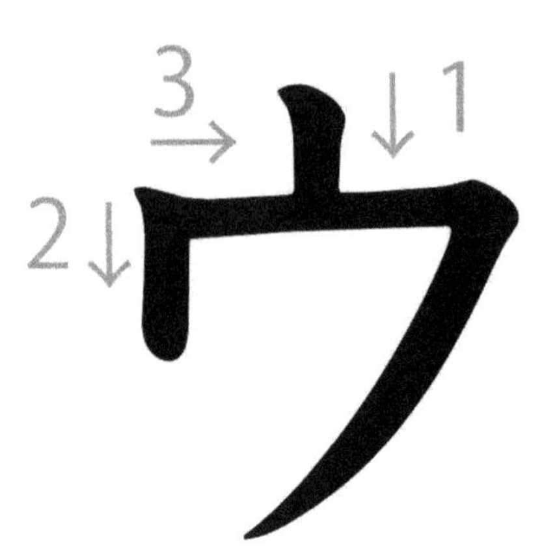

ウ
ウ
ウ

ウ	ウ	ウ	ウ	ウ	ウ	ウ	ウ	ウ	ウ	ウ	
ウ	ウ	ウ	ウ	ウ	ウ	ウ	ウ	ウ	ウ	ウ	
ウ	ウ	ウ	ウ	ウ	ウ	ウ	ウ	ウ	ウ	ウ	
ウ	ウ	ウ	ウ	ウ	ウ	ウ	ウ	ウ	ウ	ウ	
ウ											
ウ											
ウ											
ウ											
ウ											
ウ											
ウ											

ウ	ウ	ウ	ウ	ウ	ウ	ウ	ウ	ウ	ウ	ウ	
ウ	ウ	ウ	ウ	ウ	ウ	ウ	ウ	ウ	ウ	ウ	
ウ	ウ	ウ	ウ	ウ	ウ	ウ	ウ	ウ	ウ	ウ	
ウ	ウ	ウ	ウ	ウ	ウ	ウ	ウ	ウ	ウ	ウ	
ウ											
ウ											
ウ											
ウ											
ウ											
ウ											
ウ											
ウ											
ウ											
ウ											
ウ											

e

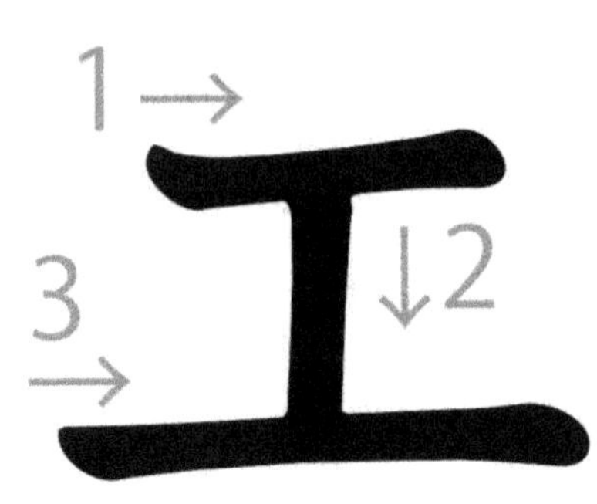

工	工	工	工	工	工	工	工	工	工	工	
工	工	工	工	工	工	工	工	工	工	工	
工	工	工	工	工	工	工	工	工	工	工	
工	工	工	工	工	工	工	工	工	工	工	
工											
工											
工											
工											
工											
工											
工											
工											
工											
工											
工											

o

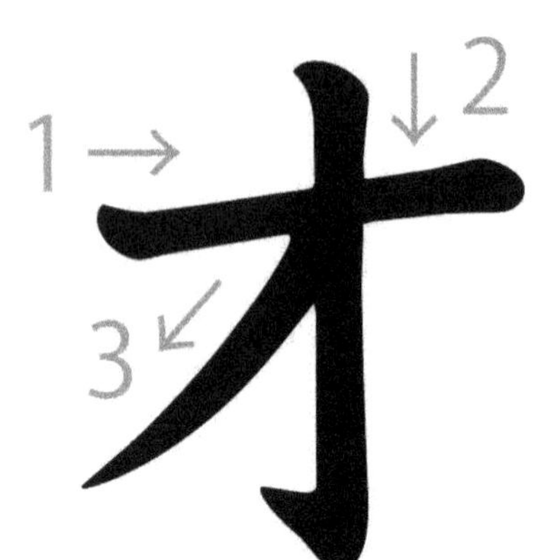

オ
オ
オ

オ	オ	オ	オ	オ	オ	オ	オ	オ	オ	オ	
オ	オ	オ	オ	オ	オ	オ	オ	オ	オ	オ	
オ	オ	オ	オ	オ	オ	オ	オ	オ	オ	オ	
オ	オ	オ	オ	オ	オ	オ	オ	オ	オ	オ	
オ											
オ											
オ											
オ											
オ											
オ											
オ											

オ	オ	オ	オ	オ	オ	オ	オ	オ	オ	オ	
オ	オ	オ	オ	オ	オ	オ	オ	オ	オ	オ	
オ	オ	オ	オ	オ	オ	オ	オ	オ	オ	オ	
オ	オ	オ	オ	オ	オ	オ	オ	オ	オ	オ	
オ											
オ											
オ											
オ											
オ											
オ											
オ											
オ											
オ											
オ											
オ											

ka

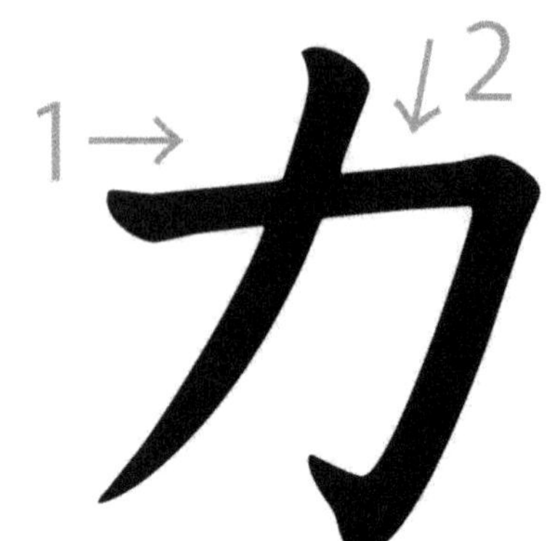

カ
カ

カ	カ	カ	カ	カ	カ	カ	カ	カ	カ	カ	
カ	カ	カ	カ	カ	カ	カ	カ	カ	カ	カ	
カ	カ	カ	カ	カ	カ	カ	カ	カ	カ	カ	
カ	カ	カ	カ	カ	カ	カ	カ	カ	カ	カ	
カ											
カ											
カ											
カ											
カ											
カ											
カ											

カカカカカカカカカカカ
カカカカカカカカカカカ
カカカカカカカカカカカ
カカカカカカカカカカカ
カ
カ
カ
カ
カ
カ
カ
カ
カ
カ
カ
カ

ki

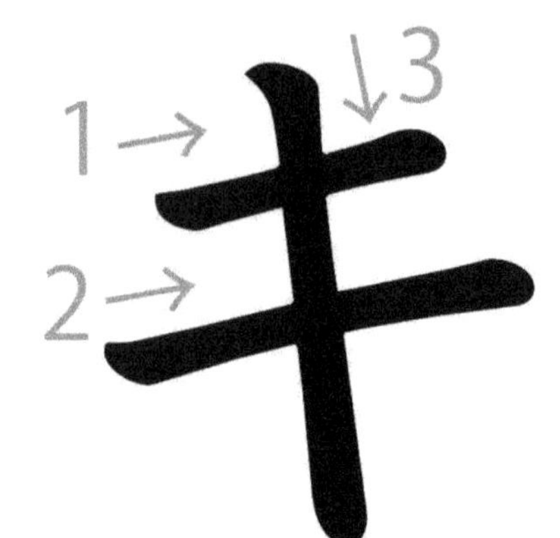

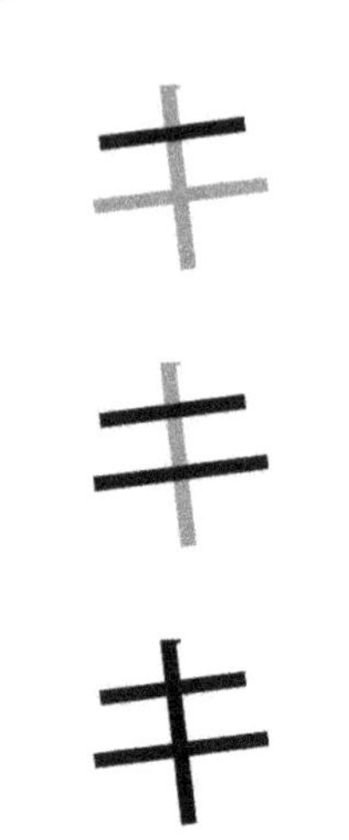

キ	キ	キ	キ	キ	キ	キ	キ	キ	キ	キ	
キ	キ	キ	キ	キ	キ	キ	キ	キ	キ	キ	
キ	キ	キ	キ	キ	キ	キ	キ	キ	キ	キ	
キ	キ	キ	キ	キ	キ	キ	キ	キ	キ	キ	
キ											
キ											
キ											
キ											
キ											
キ											
キ											

キ キ キ キ キ キ キ キ キ キ キ
キ キ キ キ キ キ キ キ キ キ キ
キ キ キ キ キ キ キ キ キ キ キ
キ キ キ キ キ キ キ キ キ キ キ
キ
キ
キ
キ
キ
キ
キ
キ
キ
キ
キ

ku

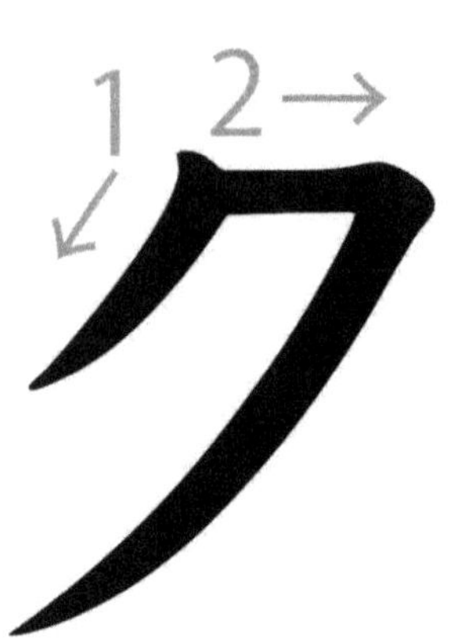

ク
ク

ク	ク	ク	ク	ク	ク	ク	ク	ク	ク	ク	
ク	ク	ク	ク	ク	ク	ク	ク	ク	ク	ク	
ク	ク	ク	ク	ク	ク	ク	ク	ク	ク	ク	
ク	ク	ク	ク	ク	ク	ク	ク	ク	ク	ク	
ク											
ク											
ク											
ク											
ク											
ク											
ク											

ク	ク	ク	ク	ク	ク	ク	ク	ク	ク	ク	
ク	ク	ク	ク	ク	ク	ク	ク	ク	ク	ク	
ク	ク	ク	ク	ク	ク	ク	ク	ク	ク	ク	
ク	ク	ク	ク	ク	ク	ク	ク	ク	ク	ク	
ク											
ク											
ク											
ク											
ク											
ク											
ク											
ク											
ク											
ク											
ク											

ke

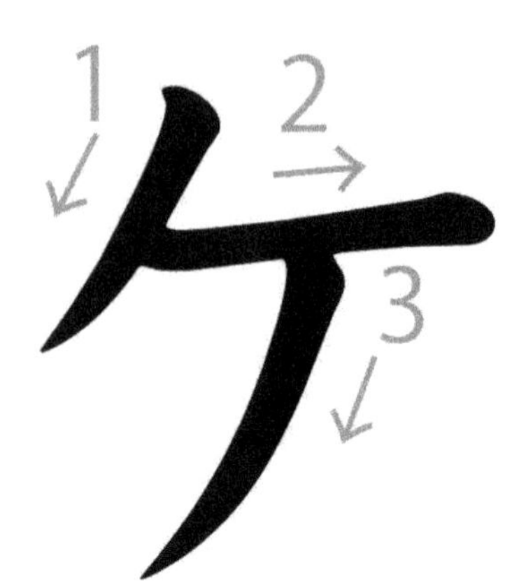

ケ
ケ
ケ

ケ	ケ	ケ	ケ	ケ	ケ	ケ	ケ	ケ	ケ	ケ	
ケ	ケ	ケ	ケ	ケ	ケ	ケ	ケ	ケ	ケ	ケ	
ケ	ケ	ケ	ケ	ケ	ケ	ケ	ケ	ケ	ケ	ケ	
ケ	ケ	ケ	ケ	ケ	ケ	ケ	ケ	ケ	ケ	ケ	
ケ											
ケ											
ケ											
ケ											
ケ											
ケ											
ケ											

ケ	ケ	ケ	ケ	ケ	ケ	ケ	ケ	ケ	ケ	ケ	
ケ	ケ	ケ	ケ	ケ	ケ	ケ	ケ	ケ	ケ	ケ	
ケ	ケ	ケ	ケ	ケ	ケ	ケ	ケ	ケ	ケ	ケ	
ケ	ケ	ケ	ケ	ケ	ケ	ケ	ケ	ケ	ケ	ケ	
ケ											
ケ											
ケ											
ケ											
ケ											
ケ											
ケ											
ケ											
ケ											
ケ											
ケ											

ko

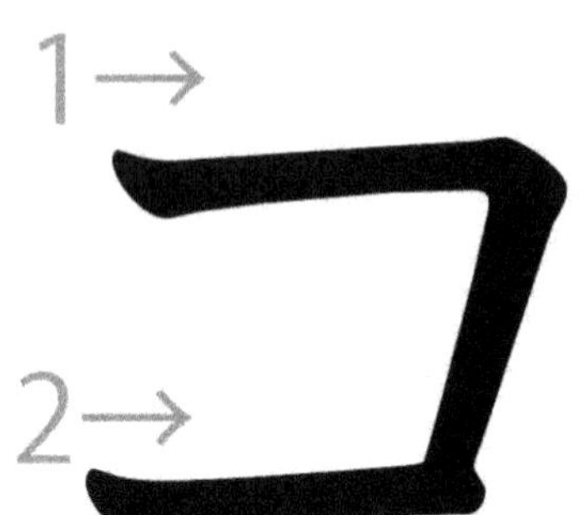

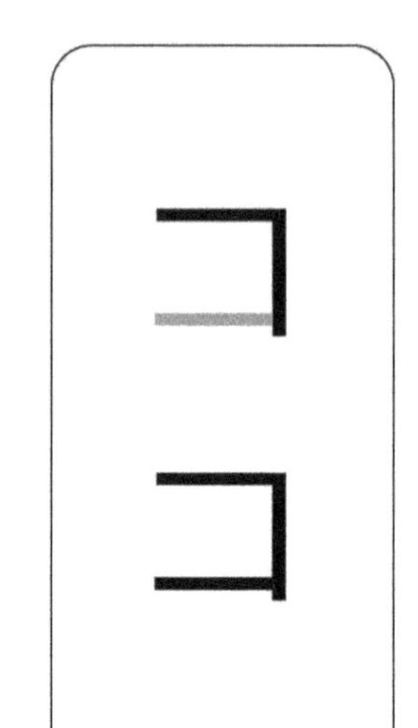

コ	コ	コ	コ	コ	コ	コ	コ	コ	コ	コ	
コ	コ	コ	コ	コ	コ	コ	コ	コ	コ	コ	
コ	コ	コ	コ	コ	コ	コ	コ	コ	コ	コ	
コ	コ	コ	コ	コ	コ	コ	コ	コ	コ	コ	
コ											
コ											
コ											
コ											
コ											
コ											
コ											

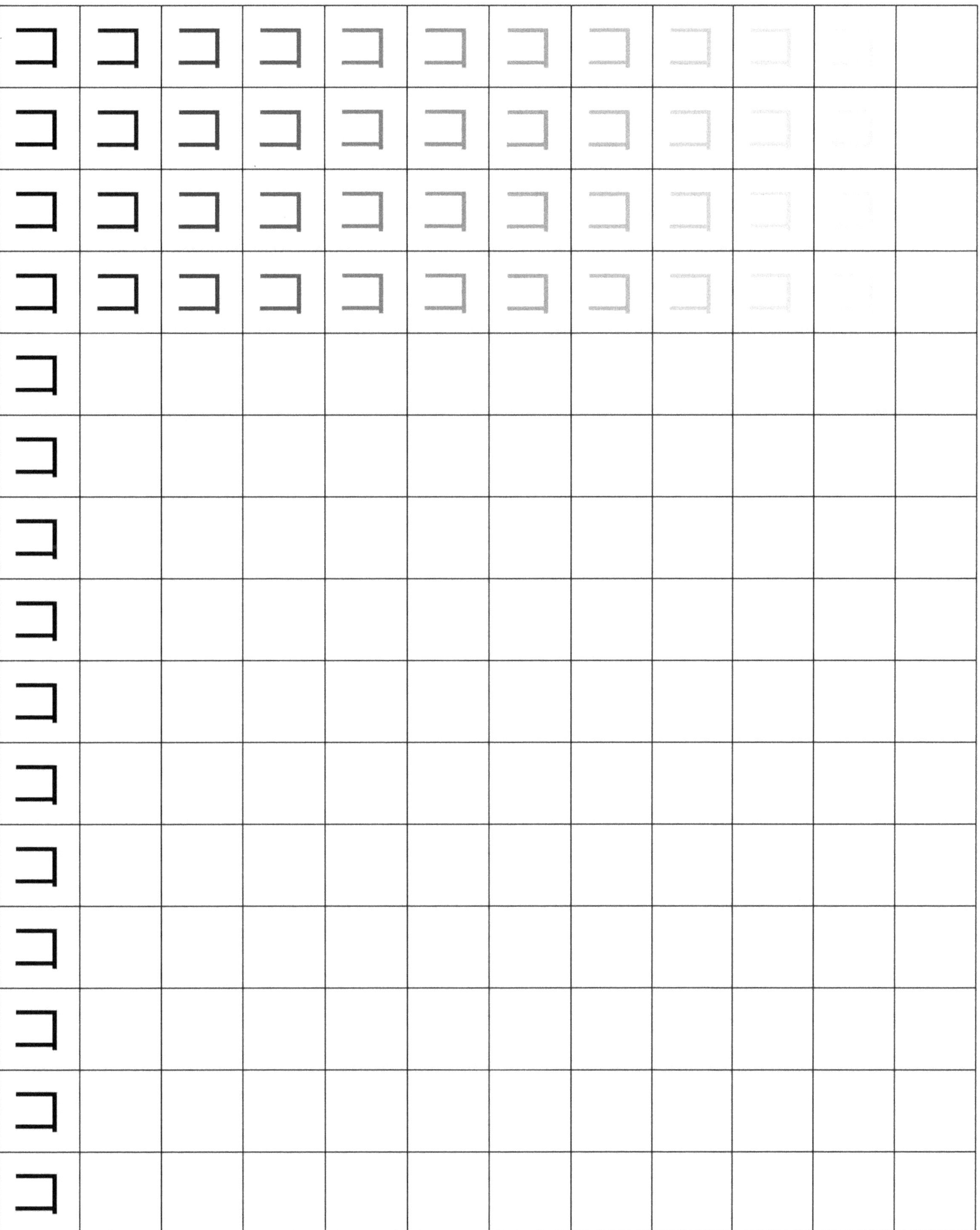

sa

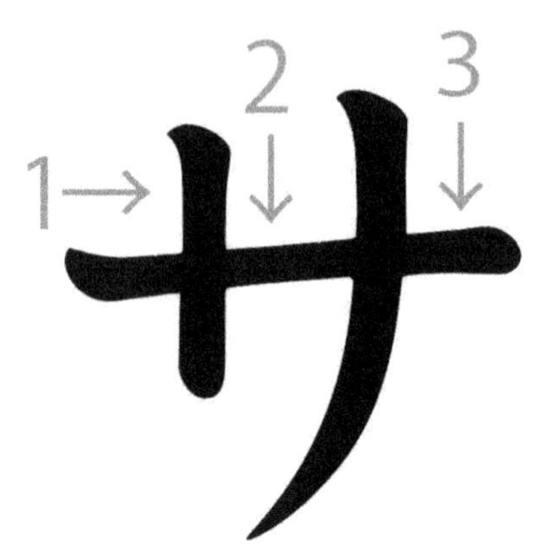

サ
サ
サ

サ	サ	サ	サ	サ	サ	サ	サ	サ	サ	サ	
サ	サ	サ	サ	サ	サ	サ	サ	サ	サ	サ	
サ	サ	サ	サ	サ	サ	サ	サ	サ	サ	サ	
サ	サ	サ	サ	サ	サ	サ	サ	サ	サ	サ	
サ											
サ											
サ											
サ											
サ											
サ											
サ											

サ	サ	サ	サ	サ	サ	サ	サ	サ	サ	サ	
サ	サ	サ	サ	サ	サ	サ	サ	サ	サ	サ	
サ	サ	サ	サ	サ	サ	サ	サ	サ	サ	サ	
サ	サ	サ	サ	サ	サ	サ	サ	サ	サ	サ	
サ											
サ											
サ											
サ											
サ											
サ											
サ											
サ											
サ											
サ											
サ											

shi

シ	シ	シ	シ	シ	シ	シ	シ	シ	シ	シ	
シ	シ	シ	シ	シ	シ	シ	シ	シ	シ	シ	
シ	シ	シ	シ	シ	シ	シ	シ	シ	シ	シ	
シ	シ	シ	シ	シ	シ	シ	シ	シ	シ	シ	
シ											
シ											
シ											
シ											
シ											
シ											
シ											

シ	シ	シ	シ	シ	シ	シ	シ	シ	シ	シ	
シ	シ	シ	シ	シ	シ	シ	シ	シ	シ	シ	
シ	シ	シ	シ	シ	シ	シ	シ	シ	シ	シ	
シ	シ	シ	シ	シ	シ	シ	シ	シ	シ	シ	
シ											
シ											
シ											
シ											
シ											
シ											
シ											
シ											
シ											
シ											
シ											

su

ス
ス

ス	ス	ス	ス	ス	ス	ス	ス	ス	ス	ス	
ス	ス	ス	ス	ス	ス	ス	ス	ス	ス	ス	
ス	ス	ス	ス	ス	ス	ス	ス	ス	ス	ス	
ス	ス	ス	ス	ス	ス	ス	ス	ス	ス	ス	
ス											
ス											
ス											
ス											
ス											
ス											
ス											

ス	ス	ス	ス	ス	ス	ス	ス	ス	ス	ス	
ス	ス	ス	ス	ス	ス	ス	ス	ス	ス	ス	
ス	ス	ス	ス	ス	ス	ス	ス	ス	ス	ス	
ス	ス	ス	ス	ス	ス	ス	ス	ス	ス	ス	
ス											
ス											
ス											
ス											
ス											
ス											
ス											
ス											
ス											
ス											
ス											

se

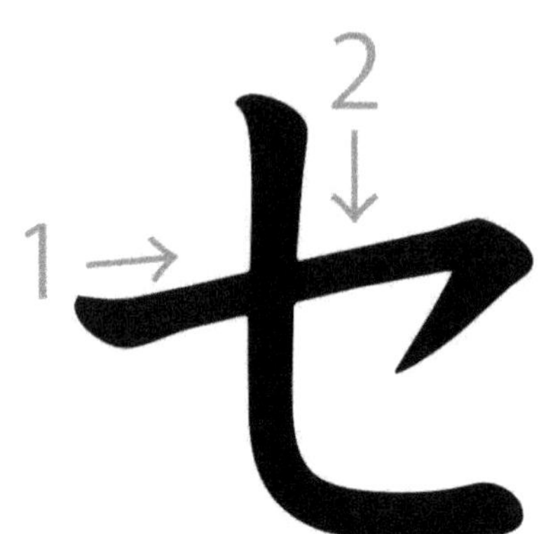

セ
セ

セ	セ	セ	セ	セ	セ	セ	セ	セ	セ		
セ	セ	セ	セ	セ	セ	セ	セ	セ	セ		
セ	セ	セ	セ	セ	セ	セ	セ	セ	セ		
セ	セ	セ	セ	セ	セ	セ	セ	セ	セ		
セ											
セ											
セ											
セ											
セ											
セ											
セ											

セ	セ	セ	セ	セ	セ	セ	セ	セ	セ	セ	
セ	セ	セ	セ	セ	セ	セ	セ	セ	セ	セ	
セ	セ	セ	セ	セ	セ	セ	セ	セ	セ	セ	
セ	セ	セ	セ	セ	セ	セ	セ	セ	セ	セ	
セ											
セ											
セ											
セ											
セ											
セ											
セ											
セ											
セ											
セ											
セ											

SO

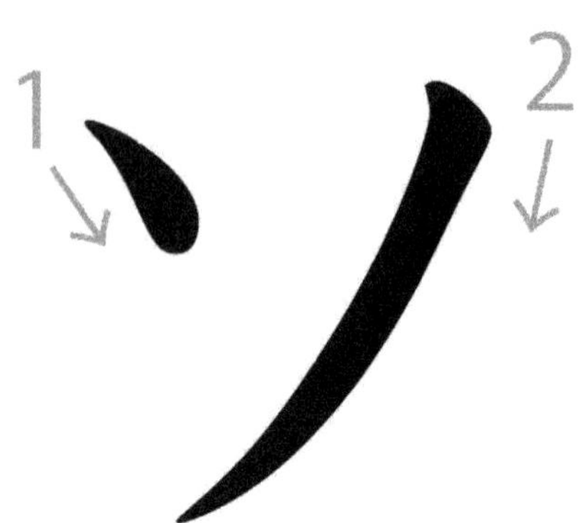

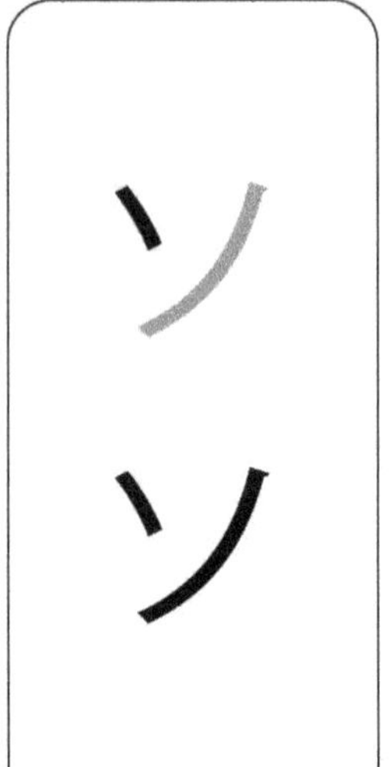

ソ	ソ	ソ	ソ	ソ	ソ	ソ	ソ	ソ	ソ	ソ	
ソ	ソ	ソ	ソ	ソ	ソ	ソ	ソ	ソ	ソ	ソ	
ソ	ソ	ソ	ソ	ソ	ソ	ソ	ソ	ソ	ソ	ソ	
ソ	ソ	ソ	ソ	ソ	ソ	ソ	ソ	ソ	ソ	ソ	
ソ											
ソ											
ソ											
ソ											
ソ											
ソ											
ソ											

ソ	ソ	ソ	ソ	ソ	ソ	ソ	ソ	ソ	ソ	ソ	
ソ	ソ	ソ	ソ	ソ	ソ	ソ	ソ	ソ	ソ	ソ	
ソ	ソ	ソ	ソ	ソ	ソ	ソ	ソ	ソ	ソ	ソ	
ソ	ソ	ソ	ソ	ソ	ソ	ソ	ソ	ソ	ソ	ソ	
ソ											
ソ											
ソ											
ソ											
ソ											
ソ											
ソ											
ソ											
ソ											
ソ											
ソ											

ta

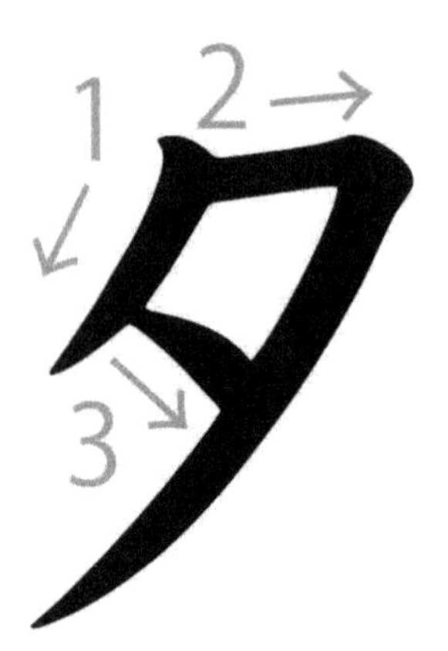

タ
タ
タ

タタタタタタタタタタタ
タタタタタタタタタタタ
タタタタタタタタタタタ
タタタタタタタタタタタ
タ
タ
タ
タ
タ
タ
タ

タ	タ	タ	タ	タ	タ	タ	タ	タ	タ	タ	
タ	タ	タ	タ	タ	タ	タ	タ	タ	タ	タ	
タ	タ	タ	タ	タ	タ	タ	タ	タ	タ	タ	
タ	タ	タ	タ	タ	タ	タ	タ	タ	タ	タ	
タ											
タ											
タ											
タ											
タ											
タ											
タ											
タ											
タ											
タ											
タ											

chi

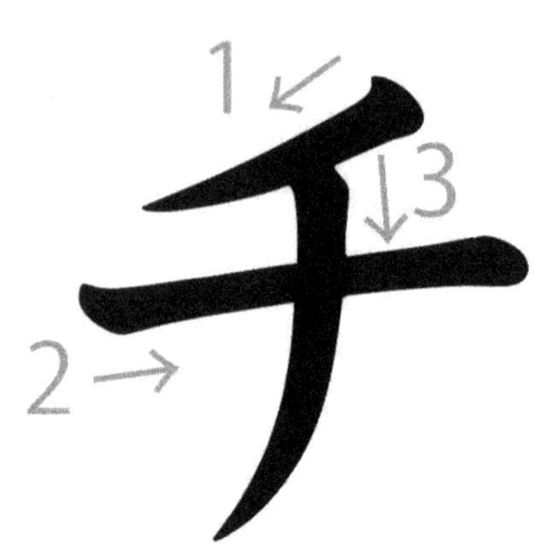

チ
チ
チ

チ	チ	チ	チ	チ	チ	チ	チ	チ	チ	チ	
チ	チ	チ	チ	チ	チ	チ	チ	チ	チ	チ	
チ	チ	チ	チ	チ	チ	チ	チ	チ	チ	チ	
チ	チ	チ	チ	チ	チ	チ	チ	チ	チ	チ	
チ											
チ											
チ											
チ											
チ											
チ											
チ											
チ											
チ											
チ											
チ											

tsu

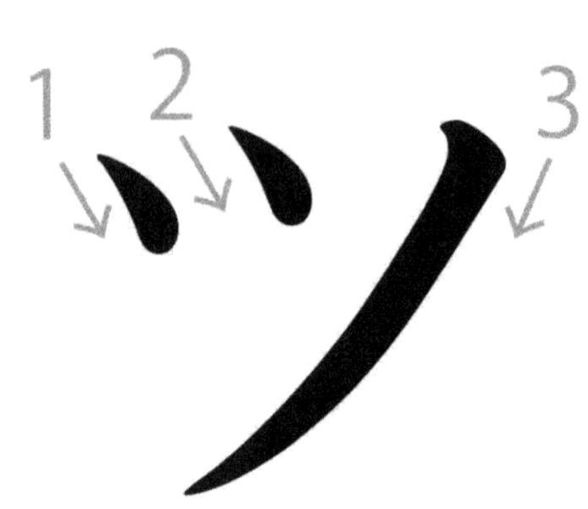

ツ	ツ	ツ	ツ	ツ	ツ	ツ	ツ	ツ	ツ	ツ	
ツ	ツ	ツ	ツ	ツ	ツ	ツ	ツ	ツ	ツ	ツ	
ツ	ツ	ツ	ツ	ツ	ツ	ツ	ツ	ツ	ツ	ツ	
ツ	ツ	ツ	ツ	ツ	ツ	ツ	ツ	ツ	ツ		
ツ											
ツ											
ツ											
ツ											
ツ											
ツ											
ツ											

ツ	ツ	ツ	ツ	ツ	ツ	ツ	ツ	ツ	ツ	ツ	
ツ	ツ	ツ	ツ	ツ	ツ	ツ	ツ	ツ	ツ	ツ	
ツ	ツ	ツ	ツ	ツ	ツ	ツ	ツ	ツ	ツ	ツ	
ツ	ツ	ツ	ツ	ツ	ツ	ツ	ツ	ツ	ツ	ツ	
ツ											
ツ											
ツ											
ツ											
ツ											
ツ											
ツ											
ツ											
ツ											
ツ											
ツ											

te

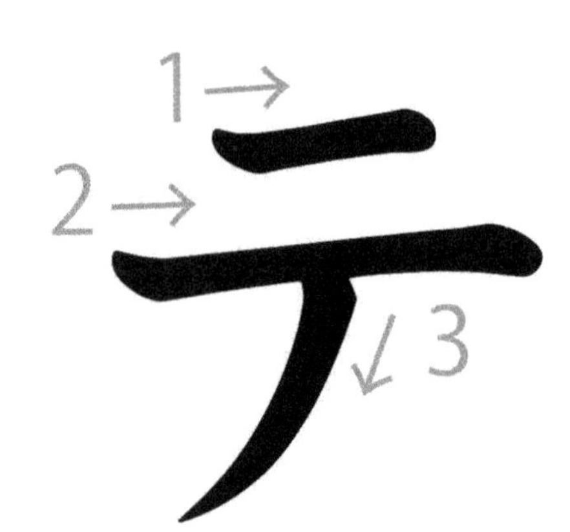

テ
テ
テ

テ	テ	テ	テ	テ	テ	テ	テ	テ	テ	テ	
テ	テ	テ	テ	テ	テ	テ	テ	テ	テ	テ	
テ	テ	テ	テ	テ	テ	テ	テ	テ	テ	テ	
テ	テ	テ	テ	テ	テ	テ	テ	テ	テ	テ	
テ											
テ											
テ											
テ											
テ											
テ											
テ											

テ	テ	テ	テ	テ	テ	テ	テ	テ	テ	テ	
テ	テ	テ	テ	テ	テ	テ	テ	テ	テ	テ	
テ	テ	テ	テ	テ	テ	テ	テ	テ	テ	テ	
テ	テ	テ	テ	テ	テ	テ	テ	テ	テ	テ	
テ											
テ											
テ											
テ											
テ											
テ											
テ											
テ											
テ											
テ											
テ											

to

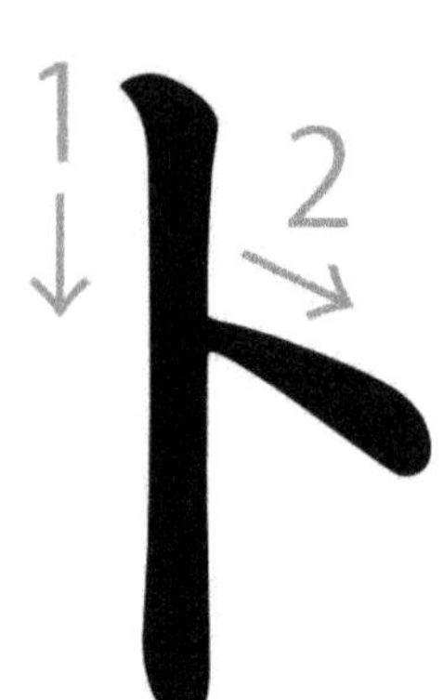

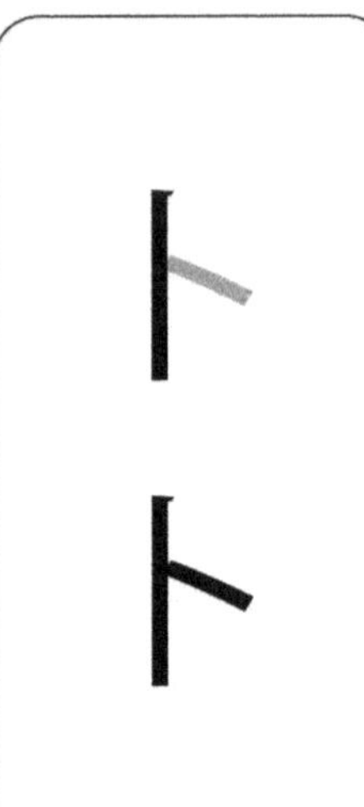

ㅏ	ㅏ	ㅏ	ㅏ	ㅏ	ㅏ	ㅏ	ㅏ	ㅏ	ㅏ		
ㅏ	ㅏ	ㅏ	ㅏ	ㅏ	ㅏ	ㅏ	ㅏ	ㅏ	ㅏ		
ㅏ	ㅏ	ㅏ	ㅏ	ㅏ	ㅏ	ㅏ	ㅏ	ㅏ	ㅏ		
ㅏ	ㅏ	ㅏ	ㅏ	ㅏ	ㅏ	ㅏ	ㅏ	ㅏ	ㅏ		
ㅏ											
ㅏ											
ㅏ											
ㅏ											
ㅏ											
ㅏ											
ㅏ											
ㅏ											
ㅏ											
ㅏ											
ㅏ											

na

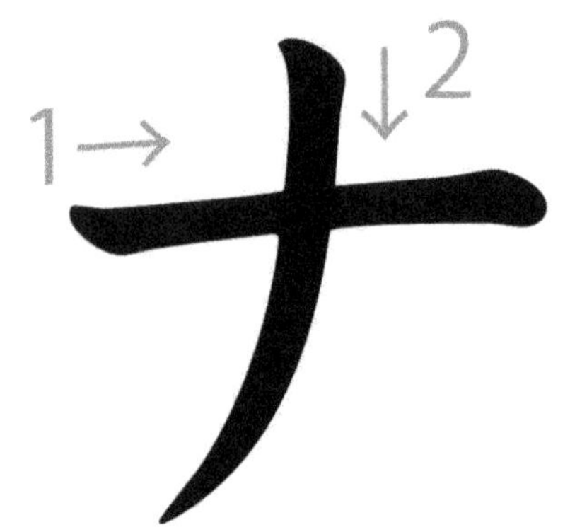

ナ
ナ

ナ	ナ	ナ	ナ	ナ	ナ	ナ	ナ	ナ	ナ	ナ	
ナ	ナ	ナ	ナ	ナ	ナ	ナ	ナ	ナ	ナ	ナ	
ナ	ナ	ナ	ナ	ナ	ナ	ナ	ナ	ナ	ナ	ナ	
ナ	ナ	ナ	ナ	ナ	ナ	ナ	ナ	ナ	ナ	ナ	
ナ											
ナ											
ナ											
ナ											
ナ											
ナ											
ナ											

ナ	ナ	ナ	ナ	ナ	ナ	ナ	ナ	ナ	ナ	ナ	
ナ	ナ	ナ	ナ	ナ	ナ	ナ	ナ	ナ	ナ	ナ	
ナ	ナ	ナ	ナ	ナ	ナ	ナ	ナ	ナ	ナ	ナ	
ナ	ナ	ナ	ナ	ナ	ナ	ナ	ナ	ナ	ナ	ナ	
ナ											
ナ											
ナ											
ナ											
ナ											
ナ											
ナ											
ナ											
ナ											
ナ											
ナ											

ni

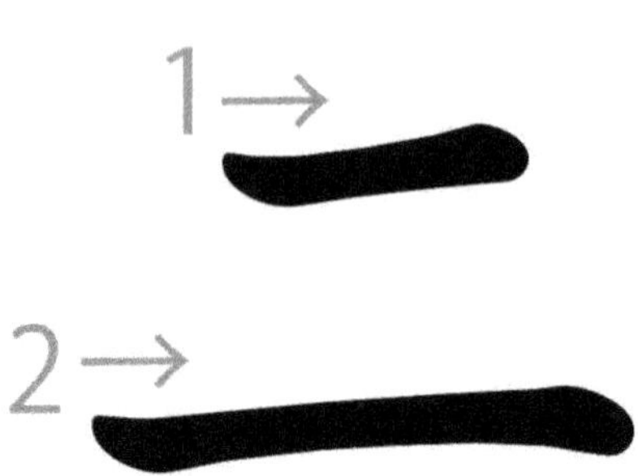

二

二	二	二	二	二	二	二	二	二	二	二	
二	二	二	二	二	二	二	二	二	二	二	
二	二	二	二	二	二	二	二	二	二	二	
二	二	二	二	二	二	二	二	二	二	二	
二											
二											
二											
二											
二											
二											
二											
二											
二											
二											
二											

nu

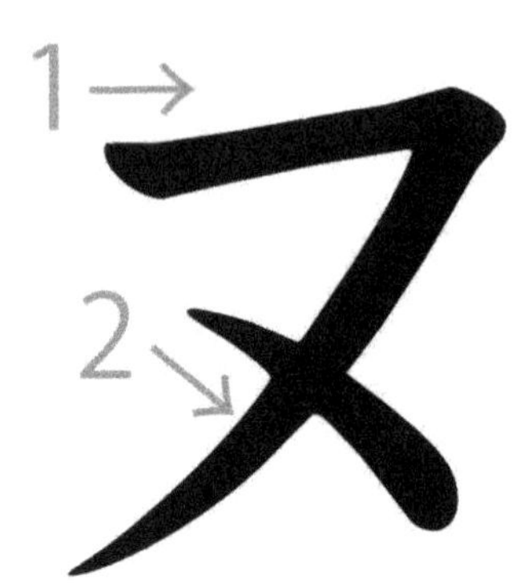

ヌ
ヌ

ヌ	ヌ	ヌ	ヌ	ヌ	ヌ	ヌ	ヌ	ヌ	ヌ	ヌ	
ヌ	ヌ	ヌ	ヌ	ヌ	ヌ	ヌ	ヌ	ヌ	ヌ	ヌ	
ヌ	ヌ	ヌ	ヌ	ヌ	ヌ	ヌ	ヌ	ヌ	ヌ	ヌ	
ヌ	ヌ	ヌ	ヌ	ヌ	ヌ	ヌ	ヌ	ヌ	ヌ	ヌ	
ヌ											
ヌ											
ヌ											
ヌ											
ヌ											
ヌ											
ヌ											

ヌ	ヌ	ヌ	ヌ	ヌ	ヌ	ヌ	ヌ	ヌ	ヌ	ヌ	
ヌ	ヌ	ヌ	ヌ	ヌ	ヌ	ヌ	ヌ	ヌ	ヌ	ヌ	
ヌ	ヌ	ヌ	ヌ	ヌ	ヌ	ヌ	ヌ	ヌ	ヌ	ヌ	
ヌ	ヌ	ヌ	ヌ	ヌ	ヌ	ヌ	ヌ	ヌ	ヌ	ヌ	
ヌ											
ヌ											
ヌ											
ヌ											
ヌ											
ヌ											
ヌ											
ヌ											
ヌ											
ヌ											
ヌ											
ヌ											

ne

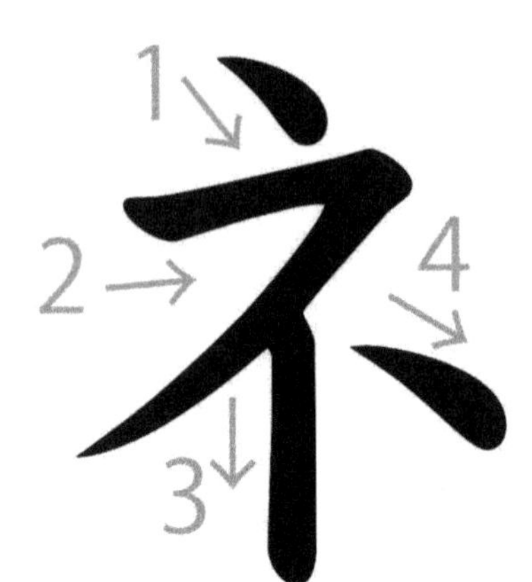

ネ
ネ
ネ
ネ

ネ	ネ	ネ	ネ	ネ	ネ	ネ	ネ	ネ	ネ		
ネ	ネ	ネ	ネ	ネ	ネ	ネ	ネ	ネ	ネ		
ネ	ネ	ネ	ネ	ネ	ネ	ネ	ネ	ネ	ネ		
ネ	ネ	ネ	ネ	ネ	ネ	ネ	ネ	ネ	ネ		
ネ											
ネ											
ネ											
ネ											
ネ											
ネ											
ネ											

ネ	ネ	ネ	ネ	ネ	ネ	ネ	ネ	ネ	ネ	ネ	
ネ	ネ	ネ	ネ	ネ	ネ	ネ	ネ	ネ	ネ	ネ	
ネ	ネ	ネ	ネ	ネ	ネ	ネ	ネ	ネ	ネ	ネ	
ネ	ネ	ネ	ネ	ネ	ネ	ネ	ネ	ネ	ネ	ネ	
ネ											
ネ											
ネ											
ネ											
ネ											
ネ											
ネ											
ネ											
ネ											
ネ											
ネ											

no

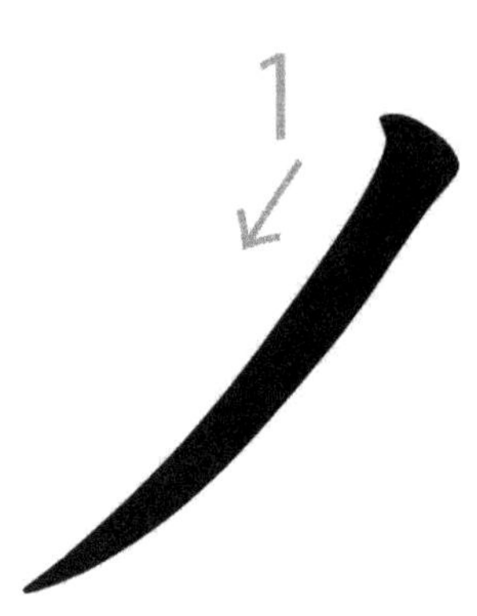

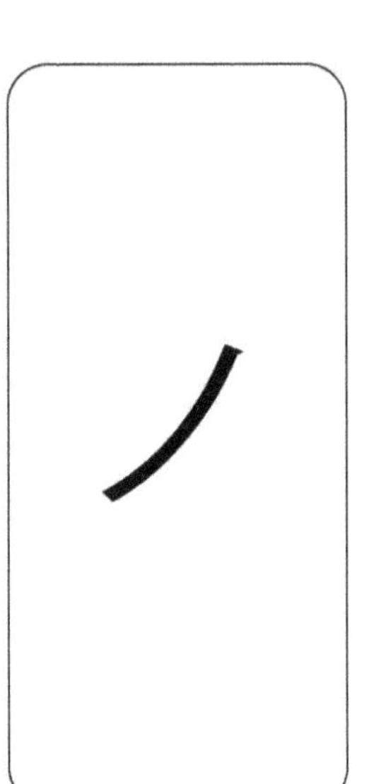

丿	丿	丿	丿	丿	丿	丿	丿	丿	丿	丿	
丿	丿	丿	丿	丿	丿	丿	丿	丿	丿	丿	
丿	丿	丿	丿	丿	丿	丿	丿	丿	丿	丿	
丿	丿	丿	丿	丿	丿	丿	丿	丿	丿	丿	
丿											
丿											
丿											
丿											
丿											
丿											
丿											
丿											
丿											
丿											
丿											

ha

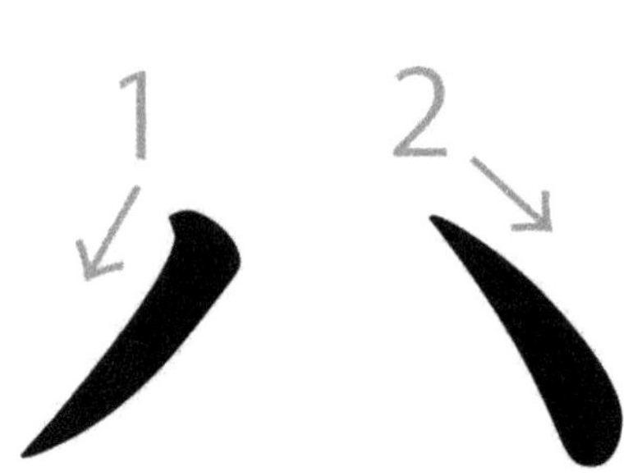

ハ	ハ	ハ	ハ	ハ	ハ	ハ	ハ	ハ	ハ		
ハ	ハ	ハ	ハ	ハ	ハ	ハ	ハ	ハ	ハ		
ハ	ハ	ハ	ハ	ハ	ハ	ハ	ハ	ハ	ハ		
ハ	ハ	ハ	ハ	ハ	ハ	ハ	ハ	ハ	ハ		
ハ											
ハ											
ハ											
ハ											
ハ											
ハ											
ハ											

八	八	八	八	八	八	八	八	八	八	八	
八	八	八	八	八	八	八	八	八	八	八	
八	八	八	八	八	八	八	八	八	八	八	
八	八	八	八	八	八	八	八	八	八	八	
八											
八											
八											
八											
八											
八											
八											
八											
八											
八											
八											

hi

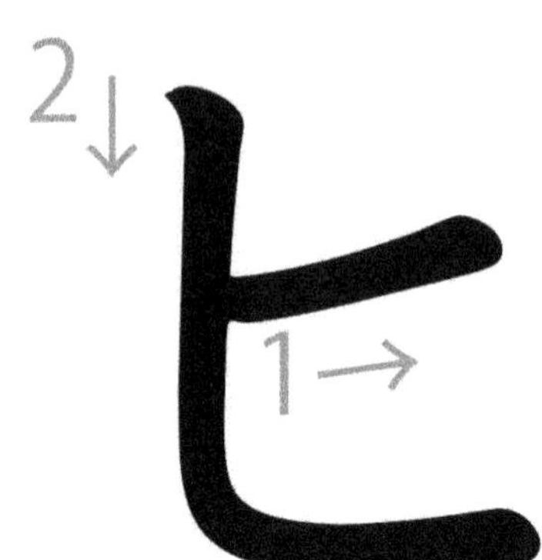

ヒ
ヒ

ヒヒヒヒヒヒヒヒヒヒヒ
ヒヒヒヒヒヒヒヒヒヒヒ
ヒヒヒヒヒヒヒヒヒヒヒ
ヒヒヒヒヒヒヒヒヒヒヒ
ヒ
ヒ
ヒ
ヒ
ヒ
ヒ
ヒ

ヒヒヒヒヒヒヒヒヒヒヒ
ヒヒヒヒヒヒヒヒヒヒヒ
ヒヒヒヒヒヒヒヒヒヒヒ
ヒヒヒヒヒヒヒヒヒヒヒ
ヒ
ヒ
ヒ
ヒ
ヒ
ヒ
ヒ
ヒ
ヒ
ヒ
ヒ

fu

1→

フ

フ

フ	フ	フ	フ	フ	フ	フ	フ	フ	フ	フ	
フ	フ	フ	フ	フ	フ	フ	フ	フ	フ	フ	
フ	フ	フ	フ	フ	フ	フ	フ	フ	フ	フ	
フ	フ	フ	フ	フ	フ	フ	フ	フ	フ	フ	
フ											
フ											
フ											
フ											
フ											
フ											
フ											
フ											
フ											
フ											
フ											

he

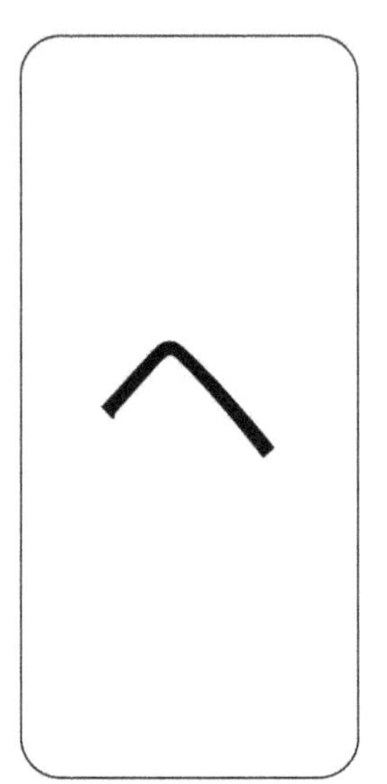

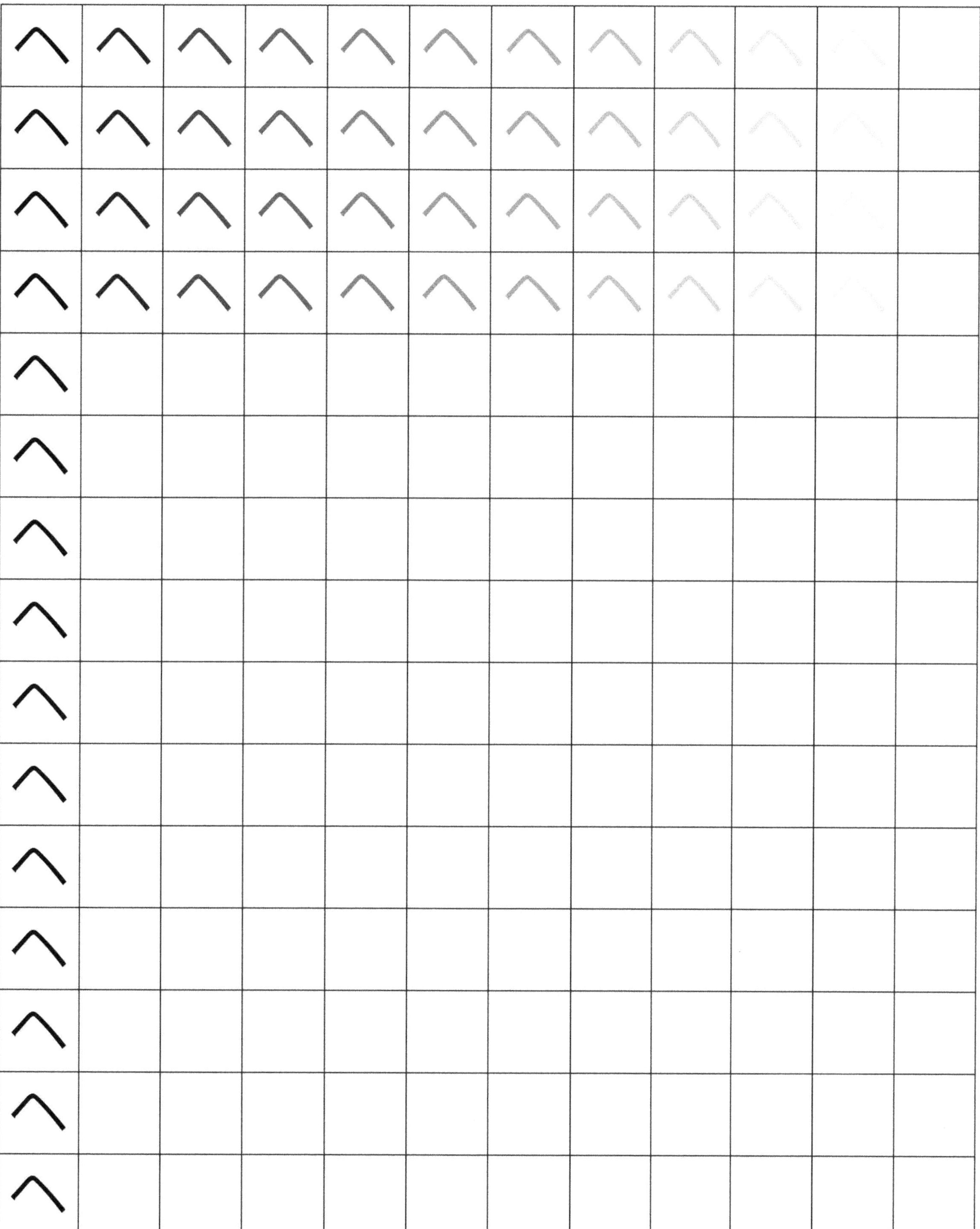

ho

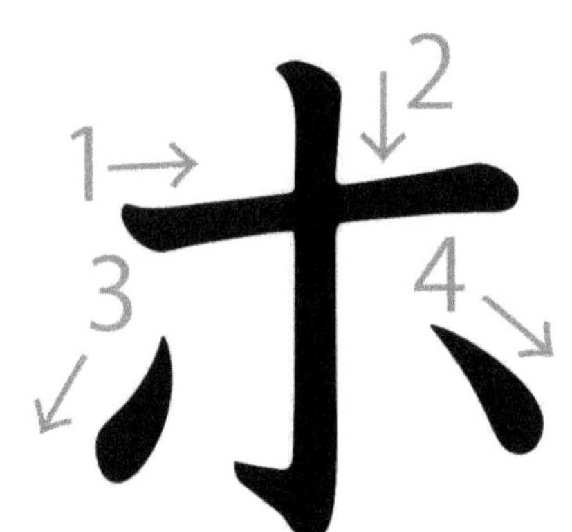

ホ

ホ ホ ホ ホ ホ ホ ホ ホ ホ ホ ホ
ホ ホ ホ ホ ホ ホ ホ ホ ホ ホ ホ
ホ ホ ホ ホ ホ ホ ホ ホ ホ ホ ホ
ホ ホ ホ ホ ホ ホ ホ ホ ホ ホ ホ
ホ
ホ
ホ
ホ
ホ
ホ
ホ

ホホホホホホホホホホホ
ホホホホホホホホホホホ
ホホホホホホホホホホホ
ホホホホホホホホホホホ
ホ
ホ
ホ
ホ
ホ
ホ
ホ
ホ
ホ
ホ
ホ

ma

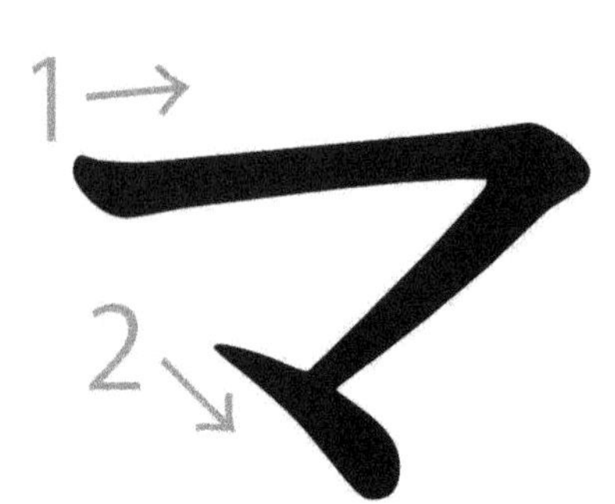

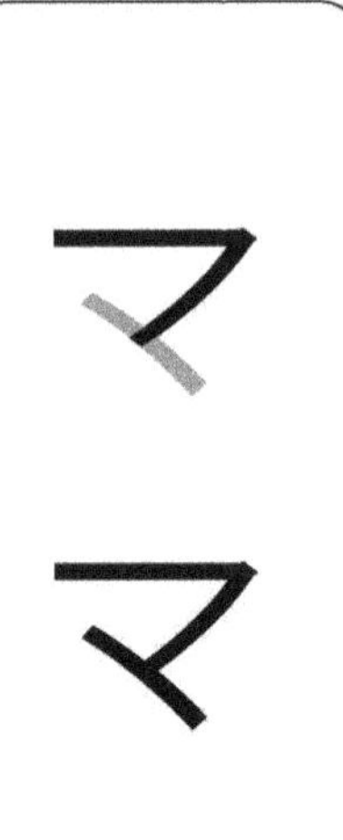

マ	マ	マ	マ	マ	マ	マ	マ	マ	マ	マ	
マ	マ	マ	マ	マ	マ	マ	マ	マ	マ	マ	
マ	マ	マ	マ	マ	マ	マ	マ	マ	マ	マ	
マ	マ	マ	マ	マ	マ	マ	マ	マ	マ	マ	
マ											
マ											
マ											
マ											
マ											
マ											
マ											

र	र	र	र	र	र	र	र	र	र	र	
र	र	र	र	र	र	र	र	र	र	र	
र	र	र	र	र	र	र	र	र	र	र	
र	र	र	र	र	र	र	र	र	र	र	
र											
र											
र											
र											
र											
र											
र											
र											
र											
र											
र											

mi

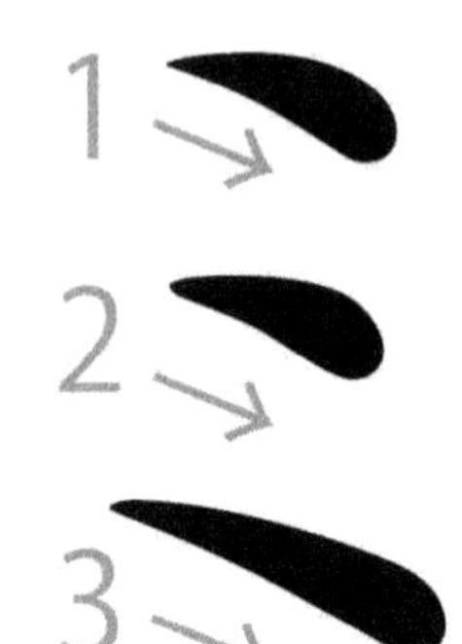

ミ

ミ	ミ	ミ	ミ	ミ	ミ	ミ	ミ	ミ	ミ	ミ	
ミ	ミ	ミ	ミ	ミ	ミ	ミ	ミ	ミ	ミ	ミ	
ミ	ミ	ミ	ミ	ミ	ミ	ミ	ミ	ミ	ミ	ミ	
ミ	ミ	ミ	ミ	ミ	ミ	ミ	ミ	ミ	ミ	ミ	
ミ											
ミ											
ミ											
ミ											
ミ											
ミ											
ミ											

ミ	ミ	ミ	ミ	ミ	ミ	ミ	ミ	ミ	ミ	ミ	
ミ	ミ	ミ	ミ	ミ	ミ	ミ	ミ	ミ	ミ	ミ	
ミ	ミ	ミ	ミ	ミ	ミ	ミ	ミ	ミ	ミ	ミ	
ミ	ミ	ミ	ミ	ミ	ミ	ミ	ミ	ミ	ミ	ミ	
ミ											
ミ											
ミ											
ミ											
ミ											
ミ											
ミ											
ミ											
ミ											
ミ											
ミ											

mu

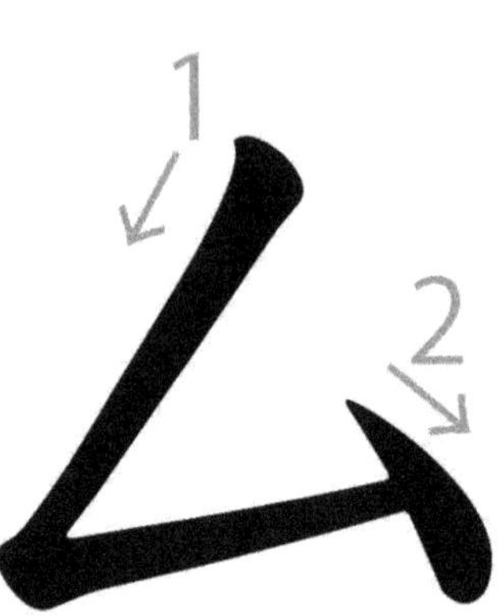

ム

ム

ㄙ	ㄙ	ㄙ	ㄙ	ㄙ	ㄙ	ㄙ	ㄙ	ㄙ	ㄙ	ㄙ	
ㄙ	ㄙ	ㄙ	ㄙ	ㄙ	ㄙ	ㄙ	ㄙ	ㄙ	ㄙ	ㄙ	
ㄙ	ㄙ	ㄙ	ㄙ	ㄙ	ㄙ	ㄙ	ㄙ	ㄙ	ㄙ	ㄙ	
ㄙ	ㄙ	ㄙ	ㄙ	ㄙ	ㄙ	ㄙ	ㄙ	ㄙ	ㄙ	ㄙ	
ㄙ											
ㄙ											
ㄙ											
ㄙ											
ㄙ											
ㄙ											
ㄙ											
ㄙ											
ㄙ											
ㄙ											
ㄙ											

me

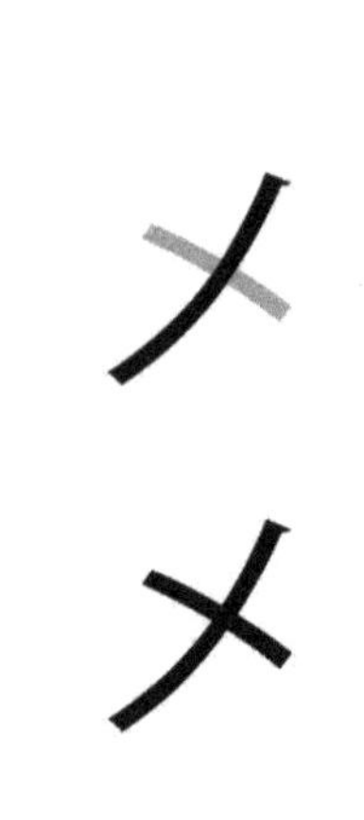

メ	メ	メ	メ	メ	メ	メ	メ	メ	メ		
メ	メ	メ	メ	メ	メ	メ	メ	メ	メ		
メ	メ	メ	メ	メ	メ	メ	メ	メ	メ		
メ	メ	メ	メ	メ	メ	メ	メ	メ	メ		
メ											
メ											
メ											
メ											
メ											
メ											
メ											

メ	メ	メ	メ	メ	メ	メ	メ	メ	メ	メ	
メ	メ	メ	メ	メ	メ	メ	メ	メ	メ	メ	
メ	メ	メ	メ	メ	メ	メ	メ	メ	メ	メ	
メ	メ	メ	メ	メ	メ	メ	メ	メ	メ	メ	
メ											
メ											
メ											
メ											
メ											
メ											
メ											
メ											
メ											
メ											
メ											

mo

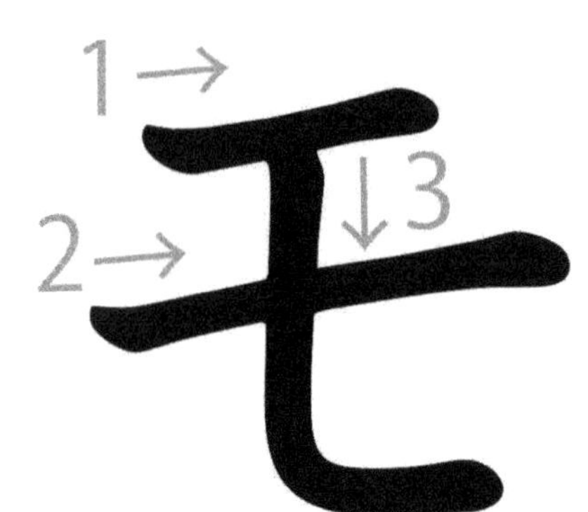

モ
モ
モ

モ	モ	モ	モ	モ	モ	モ	モ	モ	モ	モ	
モ	モ	モ	モ	モ	モ	モ	モ	モ	モ	モ	
モ	モ	モ	モ	モ	モ	モ	モ	モ	モ	モ	
モ	モ	モ	モ	モ	モ	モ	モ	モ	モ	モ	
モ											
モ											
モ											
モ											
モ											
モ											
モ											

モ	モ	モ	モ	モ	モ	モ	モ	モ	モ	モ	
モ	モ	モ	モ	モ	モ	モ	モ	モ	モ	モ	
モ	モ	モ	モ	モ	モ	モ	モ	モ	モ	モ	
モ	モ	モ	モ	モ	モ	モ	モ	モ	モ	モ	
モ											
モ											
モ											
モ											
モ											
モ											
モ											
モ											
モ											
モ											
モ											

ya

ヤ	ヤ	ヤ	ヤ	ヤ	ヤ	ヤ	ヤ	ヤ	ヤ	ヤ	
ヤ	ヤ	ヤ	ヤ	ヤ	ヤ	ヤ	ヤ	ヤ	ヤ	ヤ	
ヤ	ヤ	ヤ	ヤ	ヤ	ヤ	ヤ	ヤ	ヤ	ヤ	ヤ	
ヤ	ヤ	ヤ	ヤ	ヤ	ヤ	ヤ	ヤ	ヤ	ヤ	ヤ	
ヤ											
ヤ											
ヤ											
ヤ											
ヤ											
ヤ											
ヤ											

ヤ	ヤ	ヤ	ヤ	ヤ	ヤ	ヤ	ヤ	ヤ	ヤ	ヤ	
ヤ	ヤ	ヤ	ヤ	ヤ	ヤ	ヤ	ヤ	ヤ	ヤ	ヤ	
ヤ	ヤ	ヤ	ヤ	ヤ	ヤ	ヤ	ヤ	ヤ	ヤ	ヤ	
ヤ	ヤ	ヤ	ヤ	ヤ	ヤ	ヤ	ヤ	ヤ	ヤ	ヤ	
ヤ											
ヤ											
ヤ											
ヤ											
ヤ											
ヤ											
ヤ											
ヤ											
ヤ											
ヤ											
ヤ											

yu

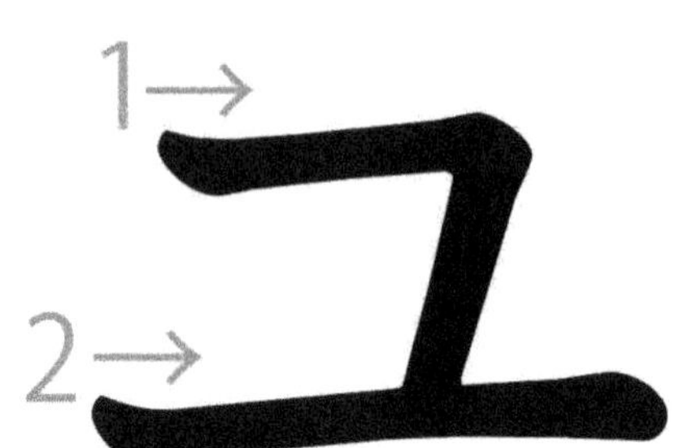

ユ
ユ

ユ	ユ	ユ	ユ	ユ	ユ	ユ	ユ	ユ	ユ	ユ	
ユ	ユ	ユ	ユ	ユ	ユ	ユ	ユ	ユ	ユ	ユ	
ユ	ユ	ユ	ユ	ユ	ユ	ユ	ユ	ユ	ユ	ユ	
ユ	ユ	ユ	ユ	ユ	ユ	ユ	ユ	ユ	ユ	ユ	
ユ											
ユ											
ユ											
ユ											
ユ											
ユ											
ユ											

ユユユユユユユユユユユ
ユユユユユユユユユユユ
ユユユユユユユユユユユ
ユユユユユユユユユユユ
ユ
ユ
ユ
ユ
ユ
ユ
ユ
ユ
ユ
ユ
ユ

yo

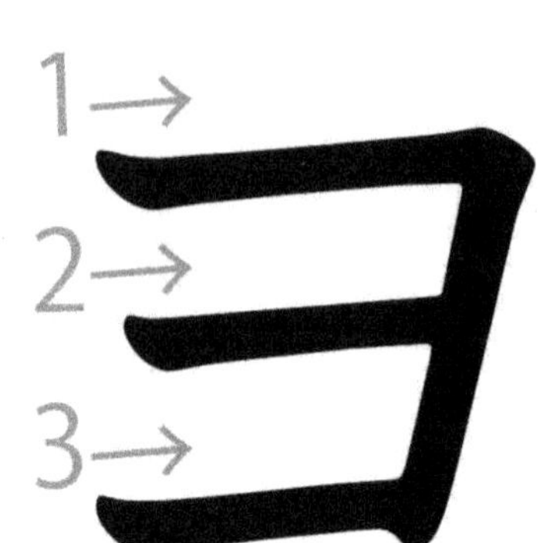

ヨ	ヨ	ヨ	ヨ	ヨ	ヨ	ヨ	ヨ	ヨ	ヨ		
ヨ	ヨ	ヨ	ヨ	ヨ	ヨ	ヨ	ヨ	ヨ	ヨ		
ヨ	ヨ	ヨ	ヨ	ヨ	ヨ	ヨ	ヨ	ヨ	ヨ		
ヨ	ヨ	ヨ	ヨ	ヨ	ヨ	ヨ	ヨ	ヨ	ヨ		
ヨ											
ヨ											
ヨ											
ヨ											
ヨ											
ヨ											
ヨ											

彐	彐	彐	彐	彐	彐	彐	彐	彐	彐	彐	
彐	彐	彐	彐	彐	彐	彐	彐	彐	彐	彐	
彐	彐	彐	彐	彐	彐	彐	彐	彐	彐	彐	
彐	彐	彐	彐	彐	彐	彐	彐	彐	彐	彐	
彐											
彐											
彐											
彐											
彐											
彐											
彐											
彐											
彐											
彐											
彐											

ra

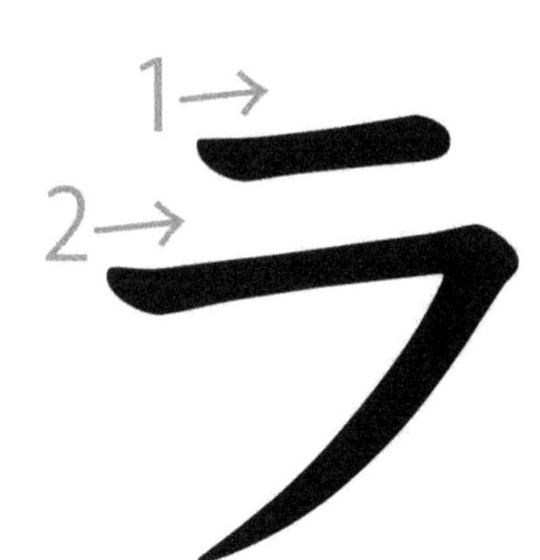

ラ
ラ

ラ	ラ	ラ	ラ	ラ	ラ	ラ	ラ	ラ	ラ	ラ	
ラ	ラ	ラ	ラ	ラ	ラ	ラ	ラ	ラ	ラ	ラ	
ラ	ラ	ラ	ラ	ラ	ラ	ラ	ラ	ラ	ラ	ラ	
ラ	ラ	ラ	ラ	ラ	ラ	ラ	ラ	ラ	ラ	ラ	
ラ											
ラ											
ラ											
ラ											
ラ											
ラ											
ラ											

ラ	ラ	ラ	ラ	ラ	ラ	ラ	ラ	ラ	ラ	ラ	
ラ	ラ	ラ	ラ	ラ	ラ	ラ	ラ	ラ	ラ	ラ	
ラ	ラ	ラ	ラ	ラ	ラ	ラ	ラ	ラ	ラ	ラ	
ラ	ラ	ラ	ラ	ラ	ラ	ラ	ラ	ラ	ラ	ラ	
ラ											
ラ											
ラ											
ラ											
ラ											
ラ											
ラ											
ラ											
ラ											
ラ											
ラ											

ri

1 2

リ

リ
リ

リ	リ	リ	リ	リ	リ	リ	リ	リ	リ		
リ	リ	リ	リ	リ	リ	リ	リ	リ	リ		
リ	リ	リ	リ	リ	リ	リ	リ	リ	リ		
リ	リ	リ	リ	リ	リ	リ	リ	リ	リ		
リ											
リ											
リ											
リ											
リ											
リ											
リ											

リ	リ	リ	リ	リ	リ	リ	リ	リ	リ	リ	
リ	リ	リ	リ	リ	リ	リ	リ	リ	リ	リ	
リ	リ	リ	リ	リ	リ	リ	リ	リ	リ	リ	
リ	リ	リ	リ	リ	リ	リ	リ	リ	リ	リ	
リ											
リ											
リ											
リ											
リ											
リ											
リ											
リ											
リ											
リ											
リ											

ru

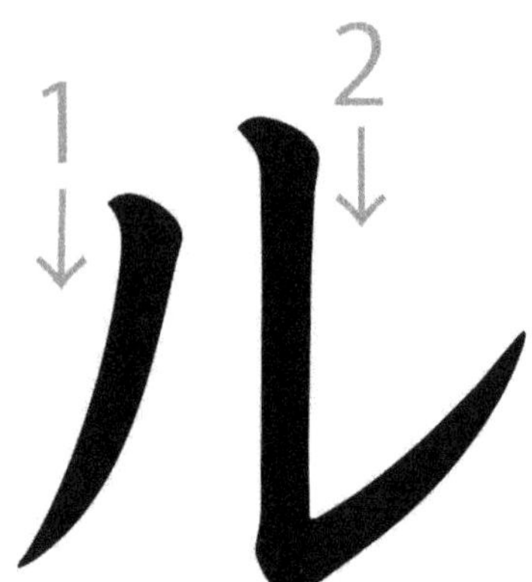

ル

ル

ル	ル	ル	ル	ル	ル	ル	ル	ル	ル	ル	
ル	ル	ル	ル	ル	ル	ル	ル	ル	ル	ル	
ル	ル	ル	ル	ル	ル	ル	ル	ル	ル	ル	
ル	ル	ル	ル	ル	ル	ル	ル	ル	ル	ル	
ル											
ル											
ル											
ル											
ル											
ル											
ル											

ル	ル	ル	ル	ル	ル	ル	ル	ル	ル	ル	
ル	ル	ル	ル	ル	ル	ル	ル	ル	ル	ル	
ル	ル	ル	ル	ル	ル	ル	ル	ル	ル	ル	
ル	ル	ル	ル	ル	ル	ル	ル	ル	ル	ル	
ル											
ル											
ル											
ル											
ル											
ル											
ル											
ル											
ル											
ル											
ル											

re

レ

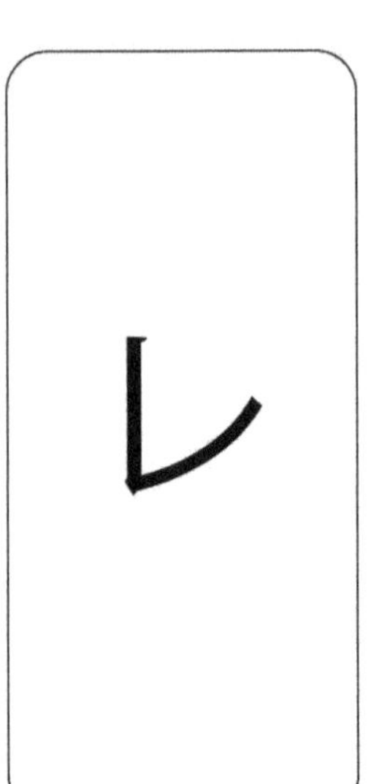

レ	レ	レ	レ	レ	レ	レ	レ	レ	レ		
レ	レ	レ	レ	レ	レ	レ	レ	レ	レ		
レ	レ	レ	レ	レ	レ	レ	レ	レ	レ		
レ	レ	レ	レ	レ	レ	レ	レ	レ	レ		
レ											
レ											
レ											
レ											
レ											
レ											
レ											

レ	レ	レ	レ	レ	レ	レ	レ	レ	レ	レ	
レ	レ	レ	レ	レ	レ	レ	レ	レ	レ	レ	
レ	レ	レ	レ	レ	レ	レ	レ	レ	レ	レ	
レ	レ	レ	レ	レ	レ	レ	レ	レ	レ	レ	
レ											
レ											
レ											
レ											
レ											
レ											
レ											
レ											
レ											
レ											
レ											

ro

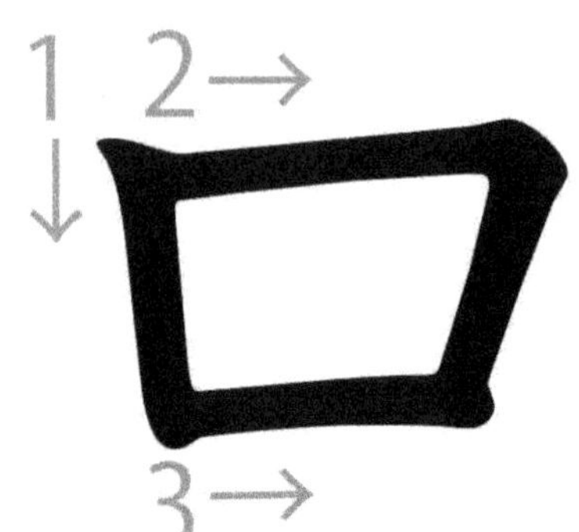

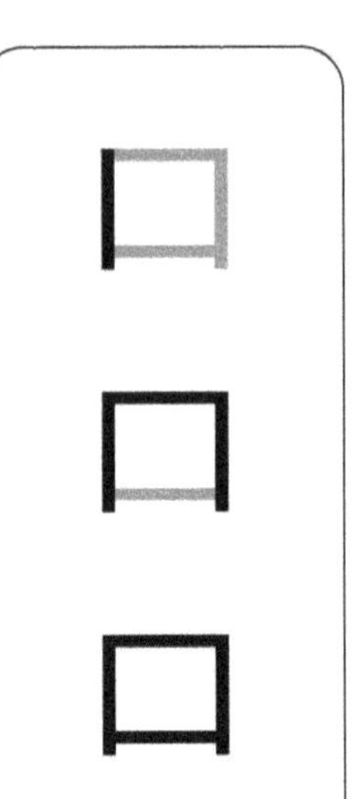

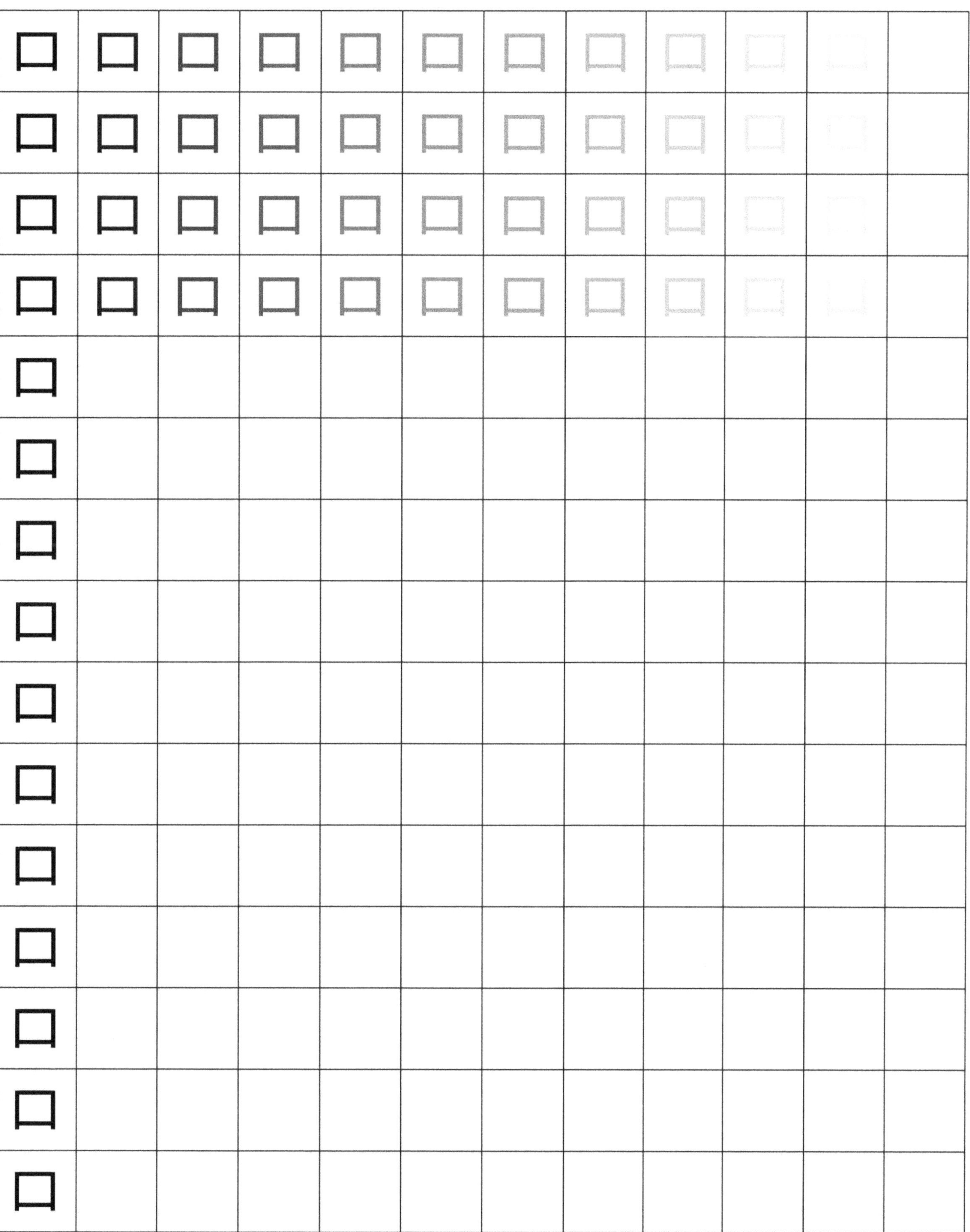

wa

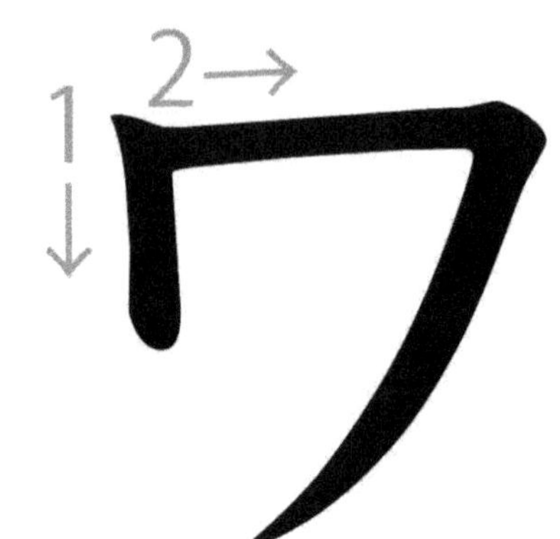

ワ
ワ

ワ	ワ	ワ	ワ	ワ	ワ	ワ	ワ	ワ	ワ		
ワ	ワ	ワ	ワ	ワ	ワ	ワ	ワ	ワ	ワ		
ワ	ワ	ワ	ワ	ワ	ワ	ワ	ワ	ワ	ワ		
ワ	ワ	ワ	ワ	ワ	ワ	ワ	ワ	ワ	ワ		
ワ											
ワ											
ワ											
ワ											
ワ											
ワ											
ワ											

ワ	ワ	ワ	ワ	ワ	ワ	ワ	ワ	ワ	ワ	ワ	
ワ	ワ	ワ	ワ	ワ	ワ	ワ	ワ	ワ	ワ	ワ	
ワ	ワ	ワ	ワ	ワ	ワ	ワ	ワ	ワ	ワ	ワ	
ワ	ワ	ワ	ワ	ワ	ワ	ワ	ワ	ワ	ワ	ワ	
ワ											
ワ											
ワ											
ワ											
ワ											
ワ											
ワ											
ワ											
ワ											
ワ											
ワ											

wo

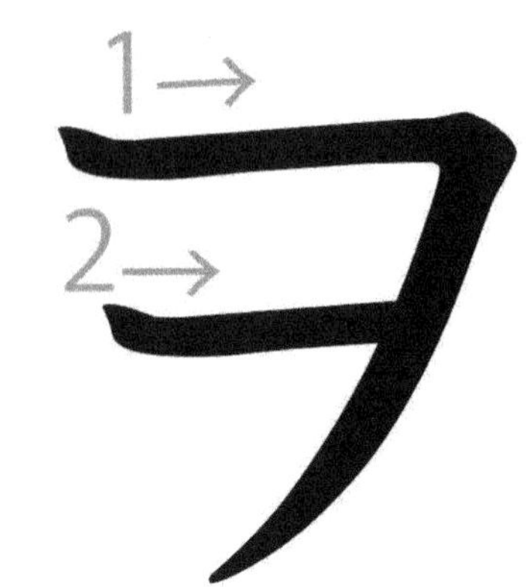

フ
ヲ

ヲ	ヲ	ヲ	ヲ	ヲ	ヲ	ヲ	ヲ	ヲ	ヲ	ヲ	
ヲ	ヲ	ヲ	ヲ	ヲ	ヲ	ヲ	ヲ	ヲ	ヲ	ヲ	
ヲ	ヲ	ヲ	ヲ	ヲ	ヲ	ヲ	ヲ	ヲ	ヲ	ヲ	
ヲ	ヲ	ヲ	ヲ	ヲ	ヲ	ヲ	ヲ	ヲ	ヲ	ヲ	
ヲ											
ヲ											
ヲ											
ヲ											
ヲ											
ヲ											
ヲ											

ヲ ヲ ヲ ヲ ヲ ヲ ヲ ヲ ヲ ヲ ヲ
ヲ ヲ ヲ ヲ ヲ ヲ ヲ ヲ ヲ ヲ ヲ
ヲ ヲ ヲ ヲ ヲ ヲ ヲ ヲ ヲ ヲ ヲ
ヲ ヲ ヲ ヲ ヲ ヲ ヲ ヲ ヲ ヲ ヲ
ヲ
ヲ
ヲ
ヲ
ヲ
ヲ
ヲ
ヲ
ヲ
ヲ
ヲ

n

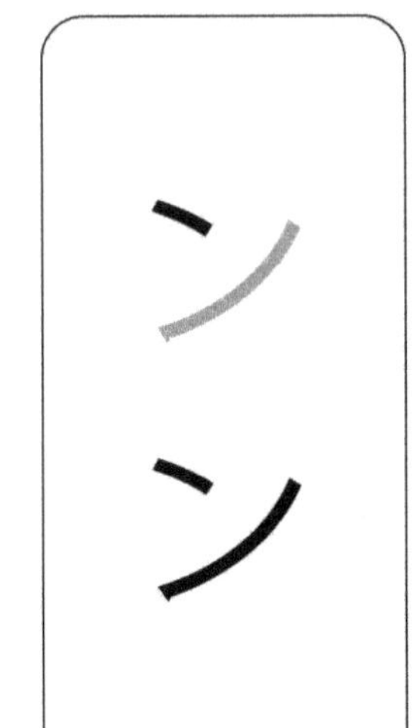

ン	ン	ン	ン	ン	ン	ン	ン	ン	ン	ン	
ン	ン	ン	ン	ン	ン	ン	ン	ン	ン	ン	
ン	ン	ン	ン	ン	ン	ン	ン	ン	ン	ン	
ン	ン	ン	ン	ン	ン	ン	ン	ン	ン	ン	
ン											
ン											
ン											
ン											
ン											
ン											
ン											

ン	ン	ン	ン	ン	ン	ン	ン	ン	ン	ン	
ン	ン	ン	ン	ン	ン	ン	ン	ン	ン	ン	
ン	ン	ン	ン	ン	ン	ン	ン	ン	ン	ン	
ン	ン	ン	ン	ン	ン	ン	ン	ン	ン	ン	
ン											
ン											
ン											
ン											
ン											
ン											
ン											
ン											
ン											
ン											
ン											

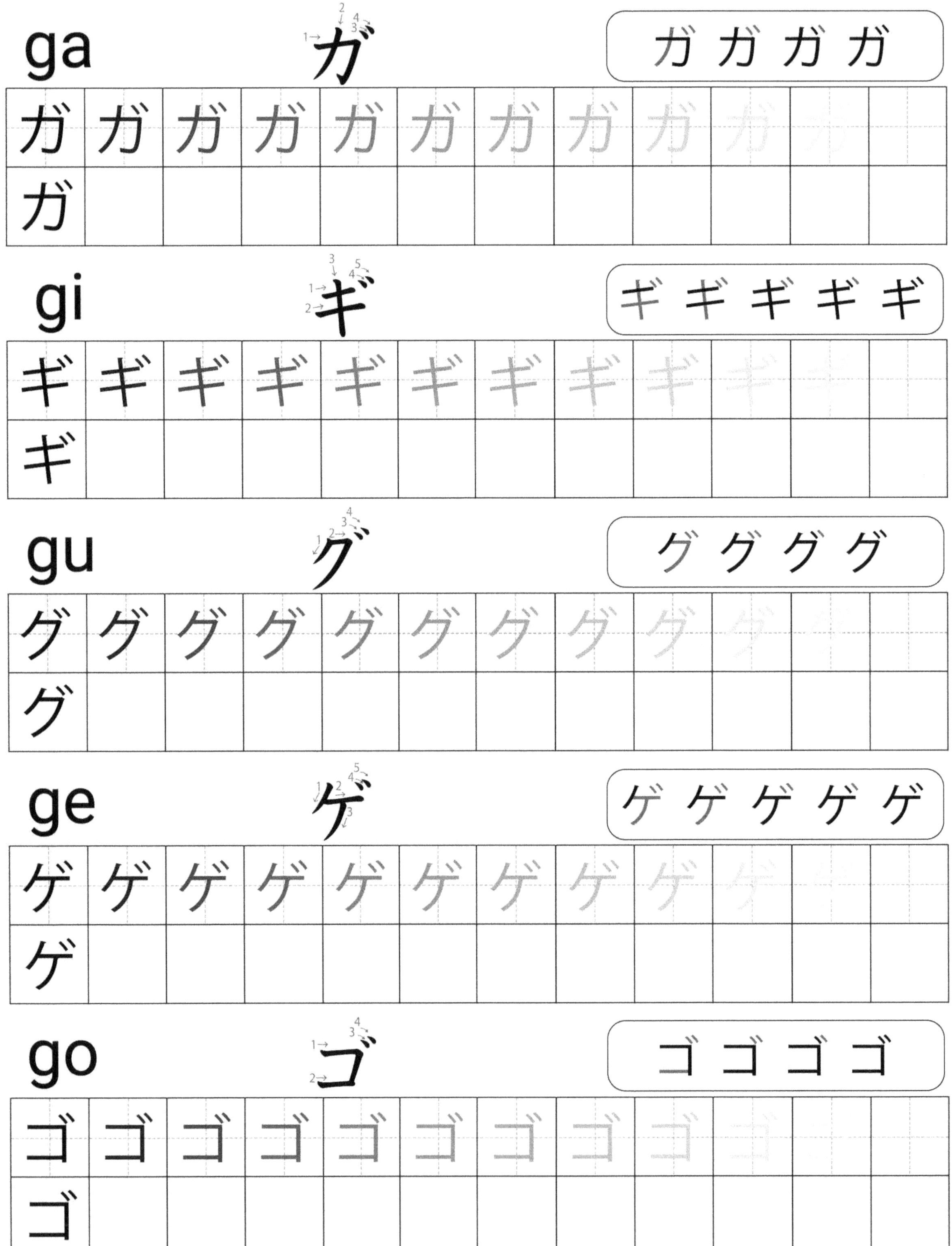
ga ガ
ガ ガ ガ ガ
gi ギ
ギ ギ ギ ギ ギ
gu グ
グ グ グ グ
ge ゲ
ゲ ゲ ゲ ゲ ゲ
go ゴ
ゴ ゴ ゴ ゴ

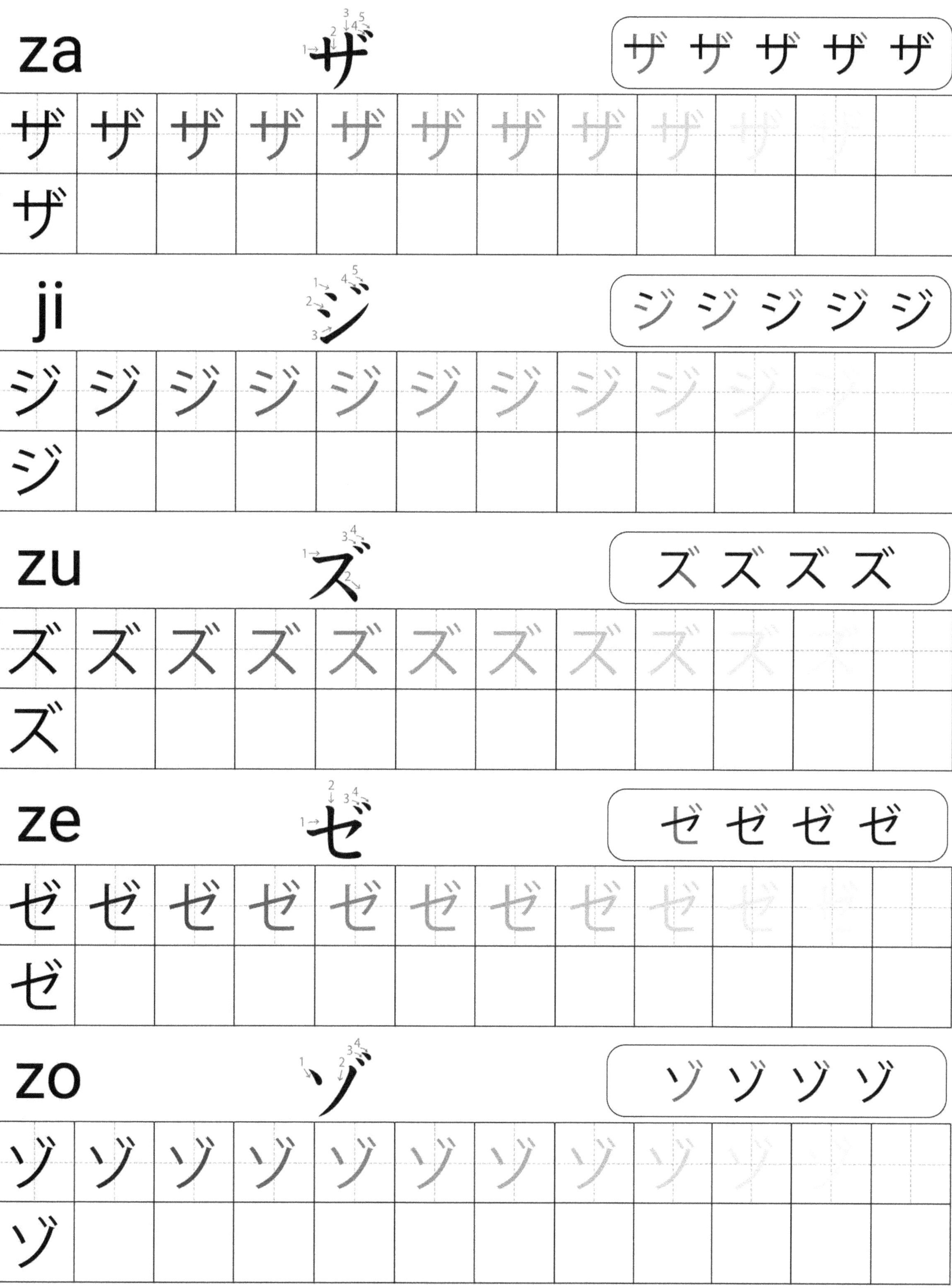
za
ザ
ザ ザ ザ ザ ザ
ji
ジ
ジ ジ ジ ジ ジ
zu
ズ
ズ ズ ズ ズ
ze
ゼ
ゼ ゼ ゼ ゼ
zo
ゾ
ゾ ゾ ゾ ゾ

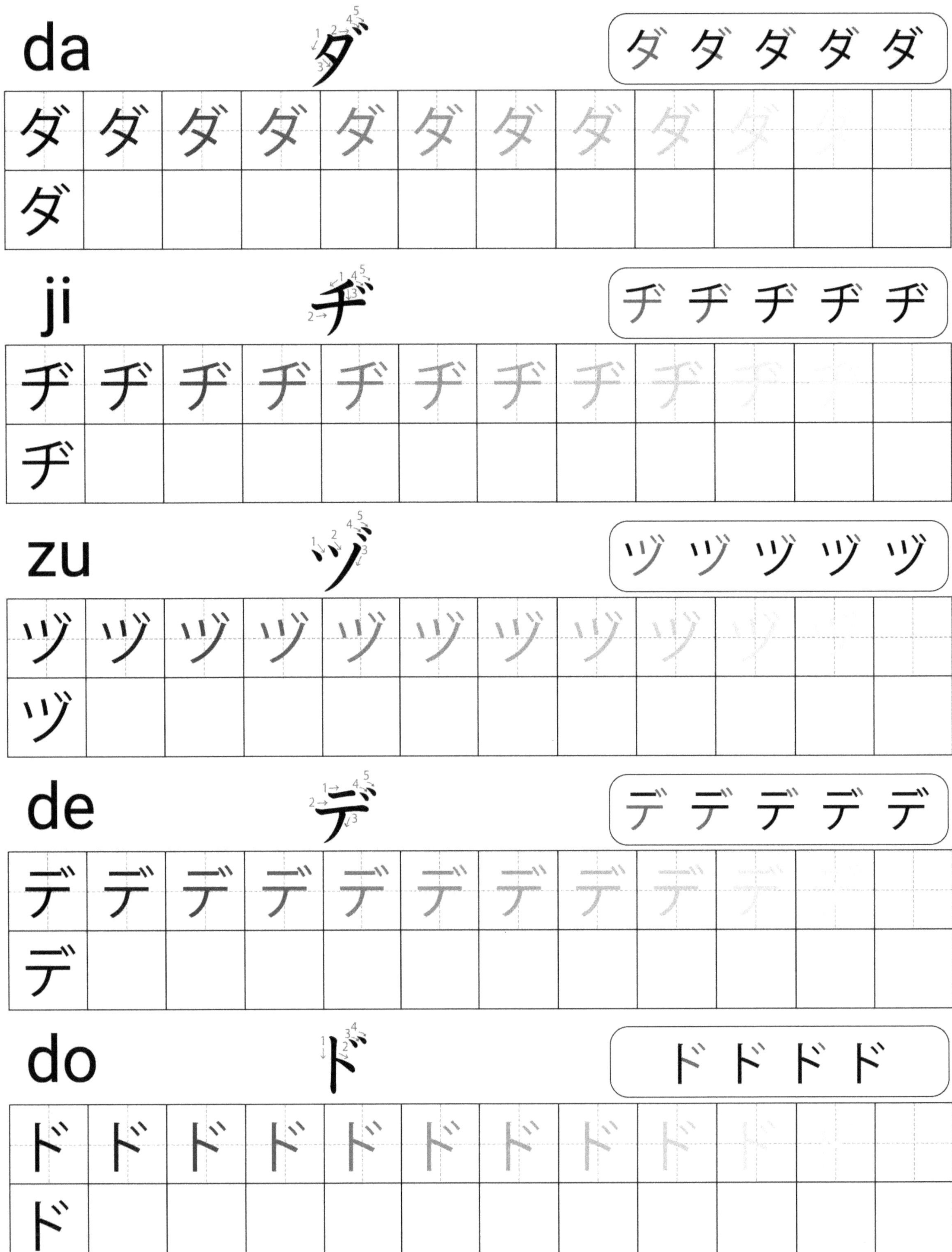
da
ダ
ダ ダ ダ ダ ダ
ji
ヂ
ヂ ヂ ヂ ヂ ヂ
zu
ヅ
ヅ ヅ ヅ ヅ ヅ
de
デ
デ デ デ デ デ
do
ド
ド ド ド ド

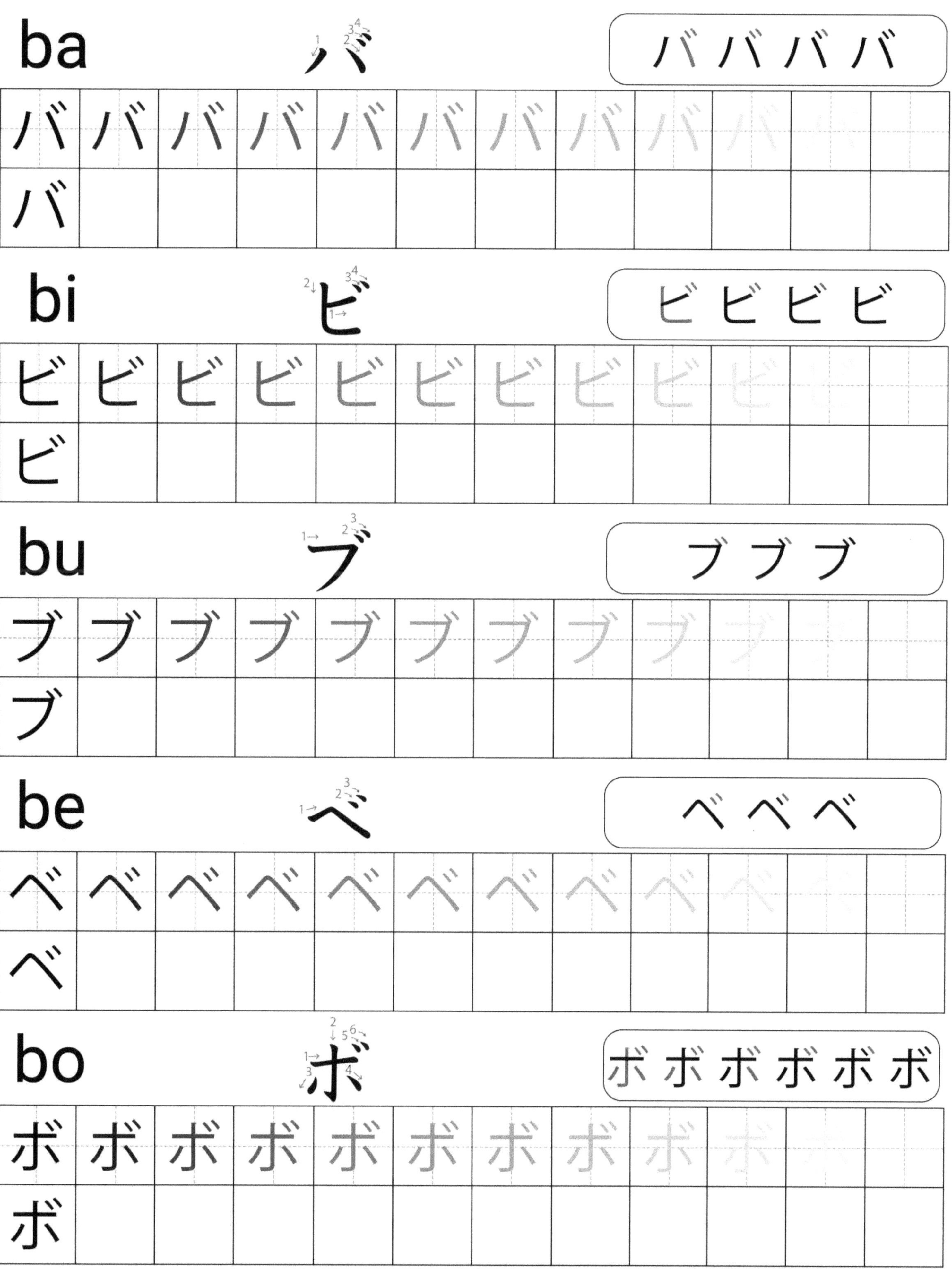

ba
バ
バ バ バ バ
bi
ビ
ビ ビ ビ ビ
bu
ブ
ブ ブ ブ
be
ベ
ベ ベ ベ
bo
ボ
ボ ボ ボ ボ ボ ボ

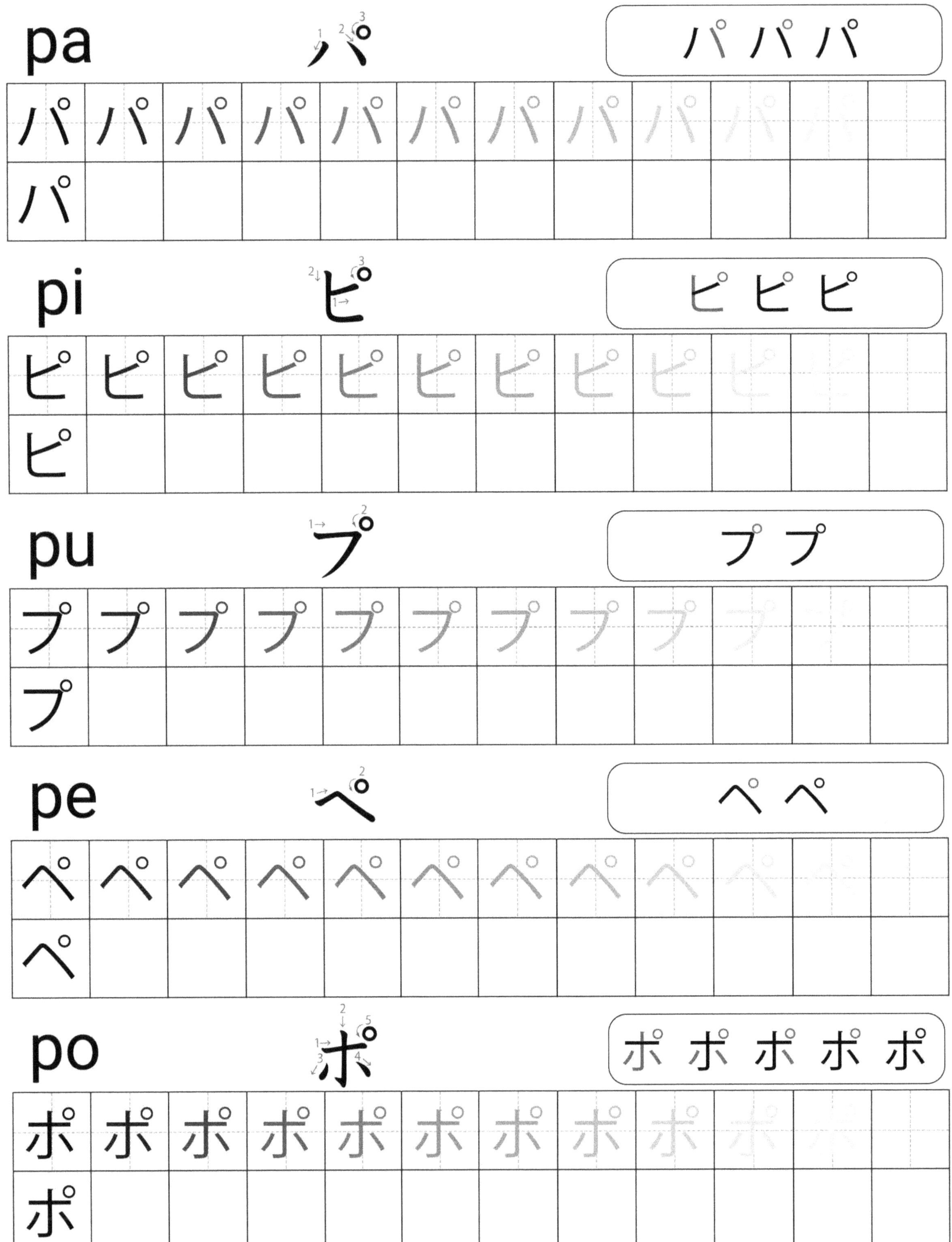

pa
パ
パパパ
pi
ピ
ピピピ
pu
プ
ププ
pe
ペ
ペペ
po
ポ
ポポポポポ

kya

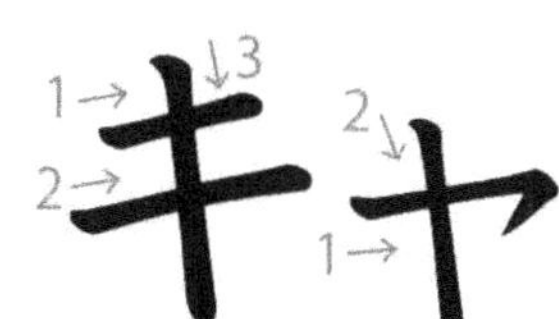

キャ キャ キャ

キャ	キャ	キャ	キャ	キャ	キャ	キャ	キャ	キャ	キャ	キャ	
キャ	キャ	キャ	キャ	キャ	キャ	キャ	キャ	キャ	キャ	キャ	
キャ											

kyu

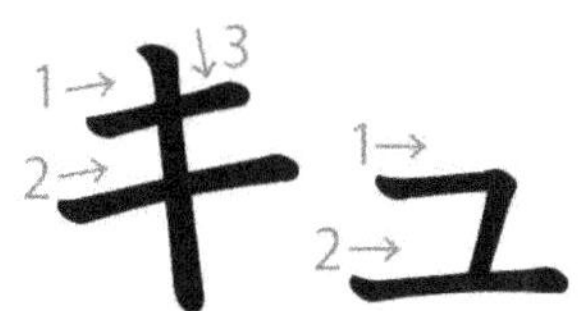

キュ キュ キュ

キュ	キュ	キュ	キュ	キュ	キュ	キュ	キュ	キュ	キュ	キュ	
キュ	キュ	キュ	キュ	キュ	キュ	キュ	キュ	キュ	キュ	キュ	
キュ											

kyo

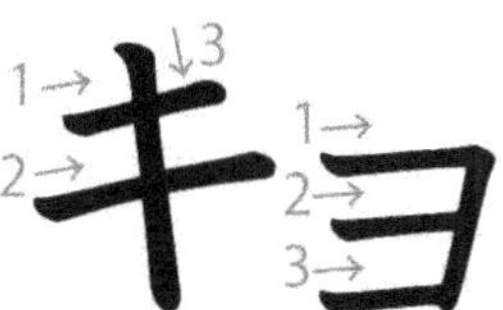

キョ キョ キョ

キョ	キョ	キョ	キョ	キョ	キョ	キョ	キョ	キョ	キョ	キョ	
キョ	キョ	キョ	キョ	キョ	キョ	キョ	キョ	キョ	キョ	キョ	
キョ											

sha

シャ シャ シャ

シャ	シャ	シャ	シャ	シャ	シャ	シャ	シャ	シャ	シャ	シャ	
シャ	シャ	シャ	シャ	シャ	シャ	シャ	シャ	シャ	シャ	シャ	
シャ											

shu

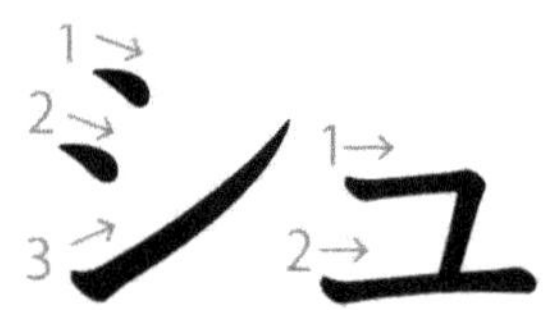

シュ シュ シュ

シュ	シュ	シュ	シュ	シュ	シュ	シュ	シュ	シュ	シュ	シュ	
シュ	シュ	シュ	シュ	シュ	シュ	シュ	シュ	シュ	シュ	シュ	
シュ											

sho

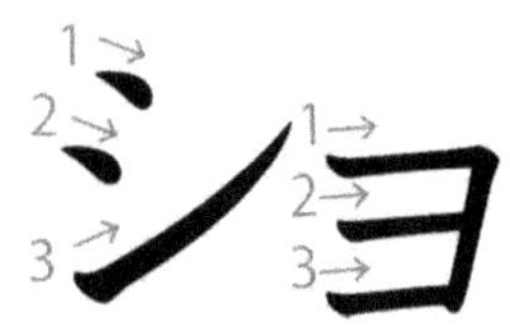

ショ ショ ショ

ショ	ショ	ショ	ショ	ショ	ショ	ショ	ショ	ショ	ショ	ショ	
ショ	ショ	ショ	ショ	ショ	ショ	ショ	ショ	ショ	ショ	ショ	
ショ											

cha

チャ チャ チャ

チャ	チャ	チャ	チャ	チャ	チャ	チャ	チャ	チャ	チャ	チャ	
チャ	チャ	チャ	チャ	チャ	チャ	チャ	チャ	チャ	チャ	チャ	
チャ											

chu

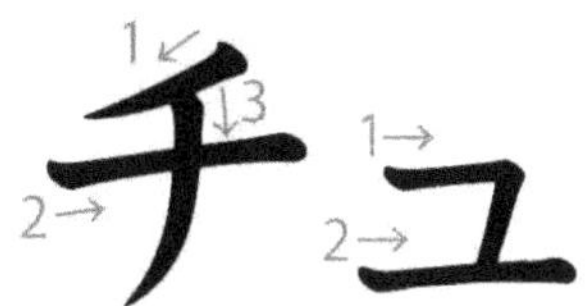

チュ チュ チュ

チュ	チュ	チュ	チュ	チュ	チュ	チュ	チュ	チュ	チュ	チュ	
チュ	チュ	チュ	チュ	チュ	チュ	チュ	チュ	チュ	チュ	チュ	
チュ											

cho

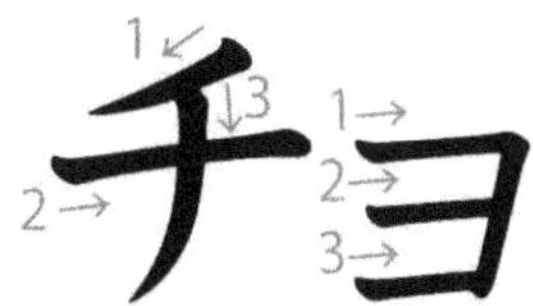

チョ チョ チョ

チョ	チョ	チョ	チョ	チョ	チョ	チョ	チョ	チョ	チョ	チョ	
チョ	チョ	チョ	チョ	チョ	チョ	チョ	チョ	チョ	チョ	チョ	
チョ											

nya

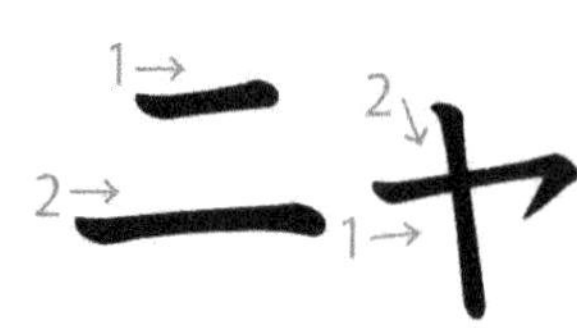

ニャ ニャ

ニャ	ニャ	ニャ	ニャ	ニャ	ニャ	ニャ	ニャ	ニャ	ニャ	ニャ	
ニャ	ニャ	ニャ	ニャ	ニャ	ニャ	ニャ	ニャ	ニャ	ニャ	ニャ	
ニャ											

nyu

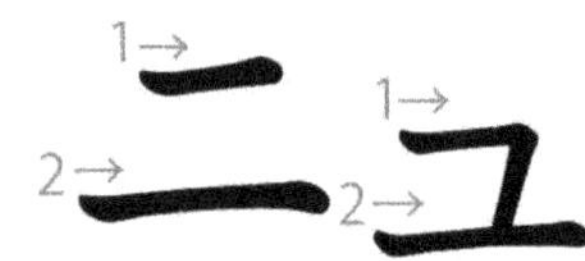

ニュ ニュ

ニュ	ニュ	ニュ	ニュ	ニュ	ニュ	ニュ	ニュ	ニュ	ニュ	ニュ	
ニュ	ニュ	ニュ	ニュ	ニュ	ニュ	ニュ	ニュ	ニュ	ニュ	ニュ	
ニュ											

nyo

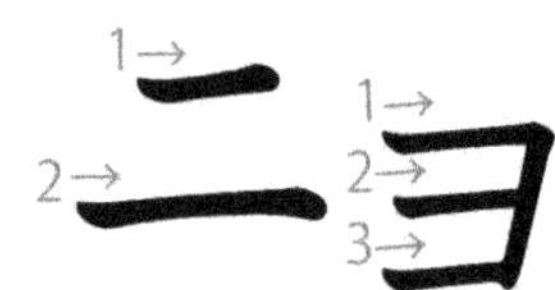

ニョ ニョ ニョ

ニョ	ニョ	ニョ	ニョ	ニョ	ニョ	ニョ	ニョ	ニョ	ニョ	ニョ	
ニョ	ニョ	ニョ	ニョ	ニョ	ニョ	ニョ	ニョ	ニョ	ニョ	ニョ	
ニョ											

hya

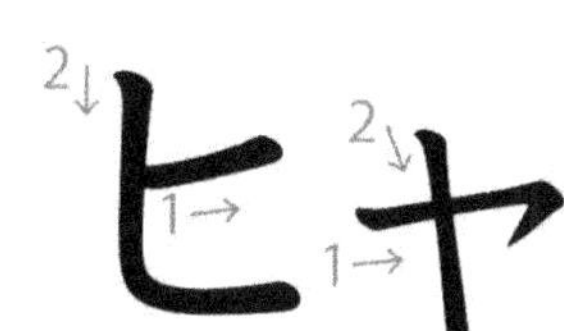

ヒャ ヒャ

ヒャ	ヒャ	ヒャ	ヒャ	ヒャ	ヒャ	ヒャ	ヒャ	ヒャ	ヒャ	ヒャ	
ヒャ	ヒャ	ヒャ	ヒャ	ヒャ	ヒャ	ヒャ	ヒャ	ヒャ	ヒャ	ヒャ	
ヒャ											

hyu

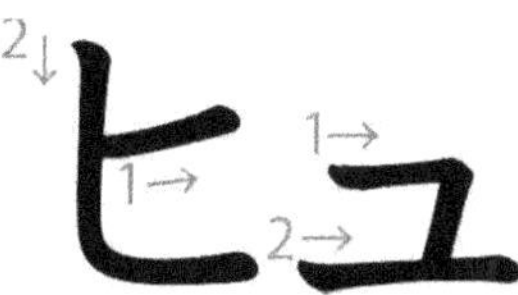

ヒュ ヒュ

ヒュ	ヒュ	ヒュ	ヒュ	ヒュ	ヒュ	ヒュ	ヒュ	ヒュ	ヒュ	ヒュ	
ヒュ	ヒュ	ヒュ	ヒュ	ヒュ	ヒュ	ヒュ	ヒュ	ヒュ	ヒュ	ヒュ	
ヒュ											

hyo

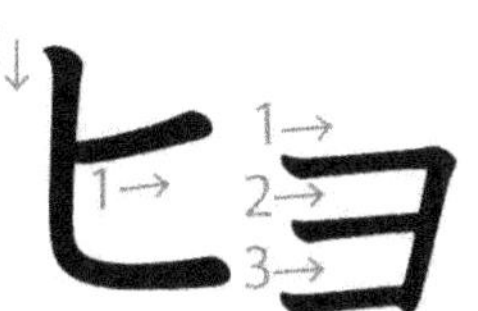

ヒョ ヒョ ヒョ

ヒョ	ヒョ	ヒョ	ヒョ	ヒョ	ヒョ	ヒョ	ヒョ	ヒョ	ヒョ	ヒョ	
ヒョ	ヒョ	ヒョ	ヒョ	ヒョ	ヒョ	ヒョ	ヒョ	ヒョ	ヒョ	ヒョ	
ヒョ											

mya

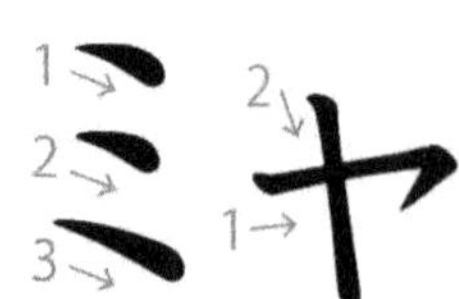

ミャ ミャ ミャ

ミャ	ミャ	ミャ	ミャ	ミャ	ミャ	ミャ	ミャ	ミャ	ミャ	ミャ	
ミャ	ミャ	ミャ	ミャ	ミャ	ミャ	ミャ	ミャ	ミャ	ミャ	ミャ	
ミャ											

myu

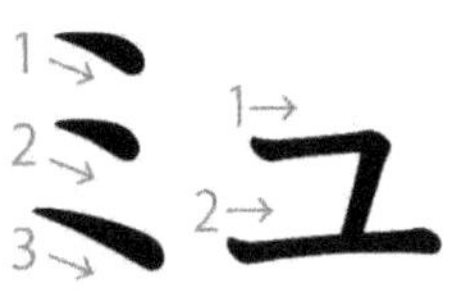

ミュ ミュ ミュ

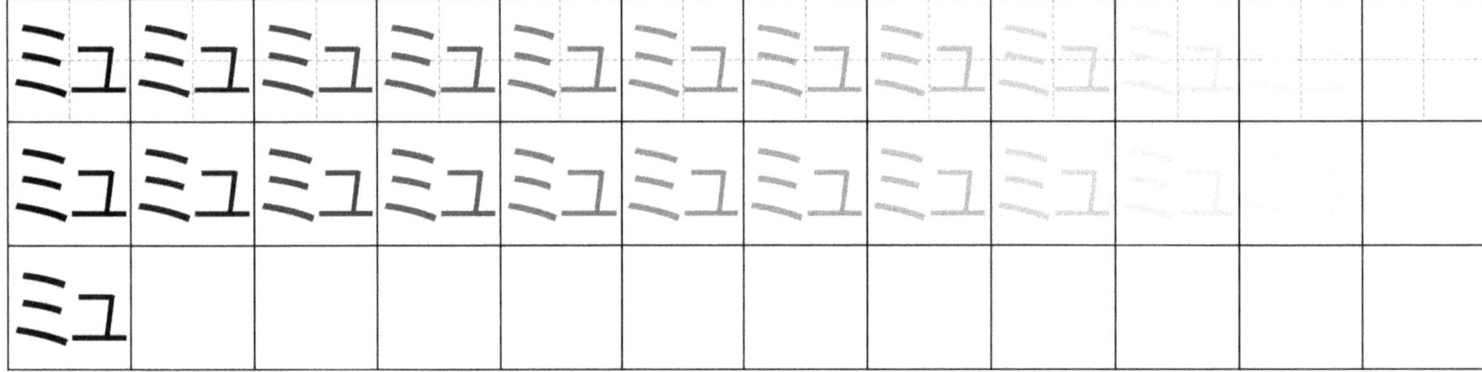

myo

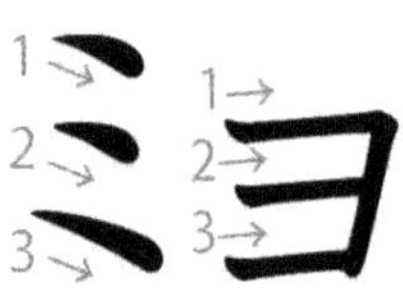

ミョ ミョ ミョ

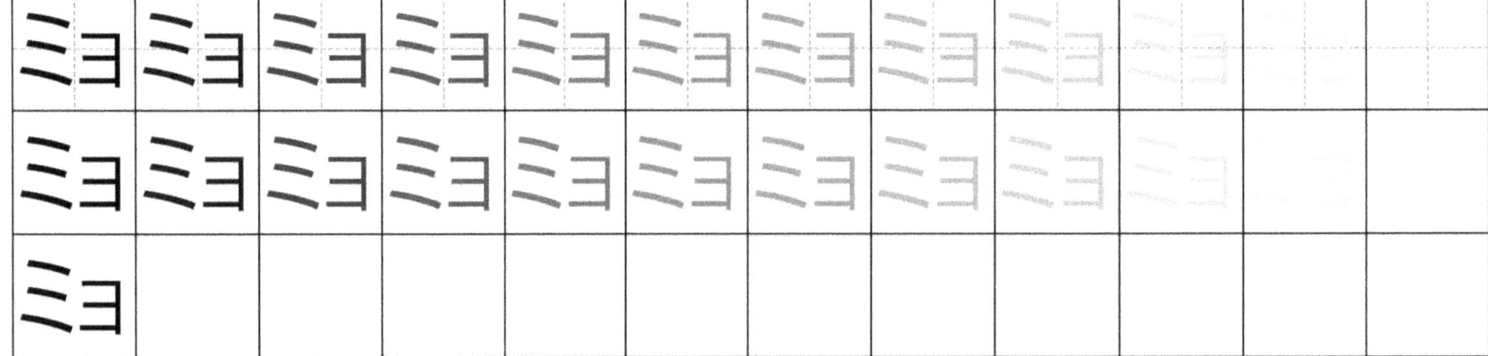

rya

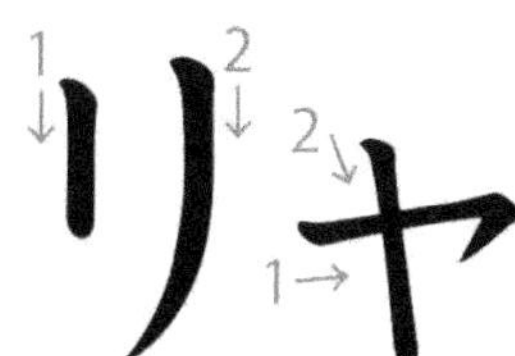

リャ　リャ

リャ	リャ	リャ	リャ	リャ	リャ	リャ	リャ	リャ	リャ	リャ	
リャ	リャ	リャ	リャ	リャ	リャ	リャ	リャ	リャ	リャ	リャ	
リャ											

ryu

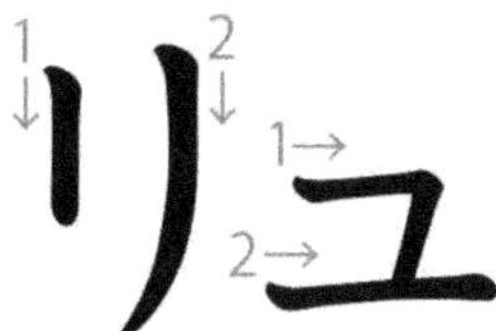

リュ　リュ

リュ	リュ	リュ	リュ	リュ	リュ	リュ	リュ	リュ	リュ	リュ	
リュ	リュ	リュ	リュ	リュ	リュ	リュ	リュ	リュ	リュ	リュ	
リュ											

ryo

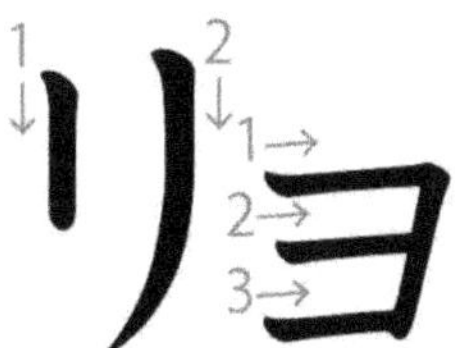

リョ　リョ　リョ

リョ	リョ	リョ	リョ	リョ	リョ	リョ	リョ	リョ	リョ	リョ	
リョ	リョ	リョ	リョ	リョ	リョ	リョ	リョ	リョ	リョ	リョ	
リョ											

gya

ギャ ギャ ギャ
ギャ ギャ

ギャ	ギャ	ギャ	ギャ	ギャ	ギャ	ギャ	ギャ	ギャ	ギャ	ギャ	
ギャ	ギャ	ギャ	ギャ	ギャ	ギャ	ギャ	ギャ	ギャ	ギャ	ギャ	
ギャ											

gyu

ギュ ギュ ギュ
ギュ ギュ

ギュ	ギュ	ギュ	ギュ	ギュ	ギュ	ギュ	ギュ	ギュ	ギュ	ギュ	
ギュ	ギュ	ギュ	ギュ	ギュ	ギュ	ギュ	ギュ	ギュ	ギュ	ギュ	
ギュ											

gyo

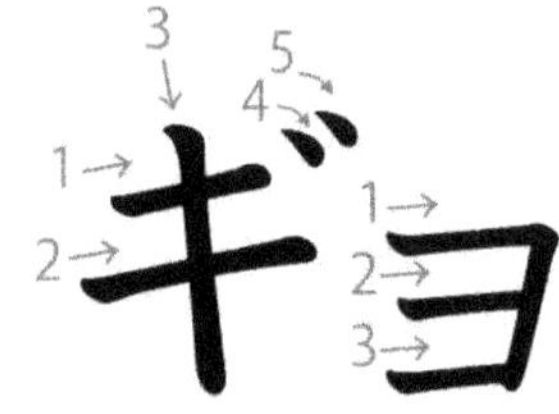

ギョ ギョ ギョ
ギョ ギョ

ギョ	ギョ	ギョ	ギョ	ギョ	ギョ	ギョ	ギョ	ギョ	ギョ	ギョ	
ギョ	ギョ	ギョ	ギョ	ギョ	ギョ	ギョ	ギョ	ギョ	ギョ	ギョ	
ギョ											

ja

ジャ　ジャ　ジャ
ジャ　ジャ

ジャ	ジャ	ジャ	ジャ	ジャ	ジャ	ジャ	ジャ	ジャ	ジャ	ジャ	
ジャ	ジャ	ジャ	ジャ	ジャ	ジャ	ジャ	ジャ	ジャ	ジャ	ジャ	
ジャ											

ju

ジュ　ジュ　ジュ
ジュ　ジュ

ジュ	ジュ	ジュ	ジュ	ジュ	ジュ	ジュ	ジュ	ジュ	ジュ	ジュ	
ジュ	ジュ	ジュ	ジュ	ジュ	ジュ	ジュ	ジュ	ジュ	ジュ	ジュ	
ジュ											

jo

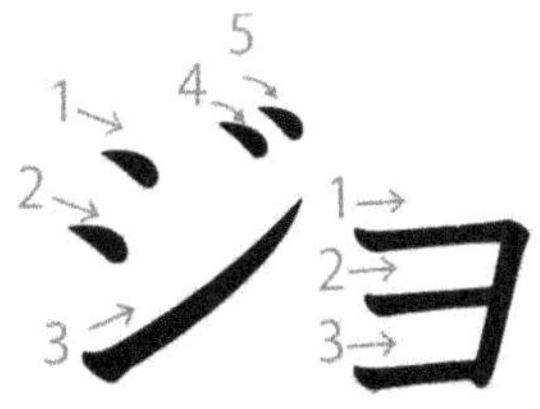

ジョ　ジョ　ジョ
ジョ　ジョ

ジョ	ジョ	ジョ	ジョ	ジョ	ジョ	ジョ	ジョ	ジョ	ジョ	ジョ	
ジョ	ジョ	ジョ	ジョ	ジョ	ジョ	ジョ	ジョ	ジョ	ジョ	ジョ	
ジョ											

bya

ビャ　ビャ　ビャ
ビャ

ビャ	ビャ	ビャ	ビャ	ビャ	ビャ	ビャ	ビャ	ビャ	ビャ		
ビャ	ビャ	ビャ	ビャ	ビャ	ビャ	ビャ	ビャ	ビャ	ビャ		
ビャ											

byu

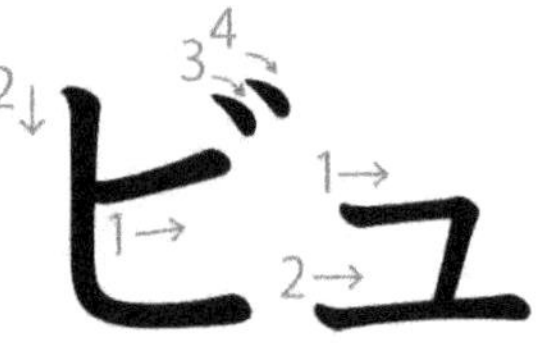

ビュ　ビュ　ビュ
ビュ

ビュ	ビュ	ビュ	ビュ	ビュ	ビュ	ビュ	ビュ	ビュ	ビュ		
ビュ	ビュ	ビュ	ビュ	ビュ	ビュ	ビュ	ビュ	ビュ	ビュ		
ビュ											

byo

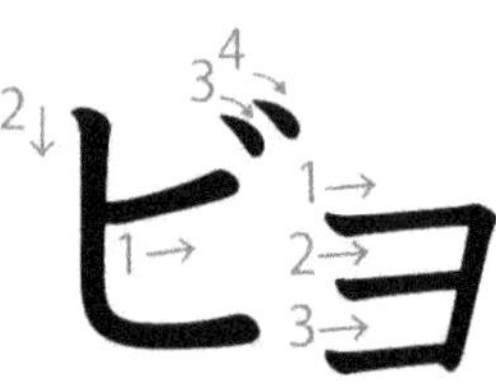

ビョ　ビョ　ビョ
ビョ

ビョ	ビョ	ビョ	ビョ	ビョ	ビョ	ビョ	ビョ	ビョ	ビョ		
ビョ	ビョ	ビョ	ビョ	ビョ	ビョ	ビョ	ビョ	ビョ	ビョ		
ビョ											

pya

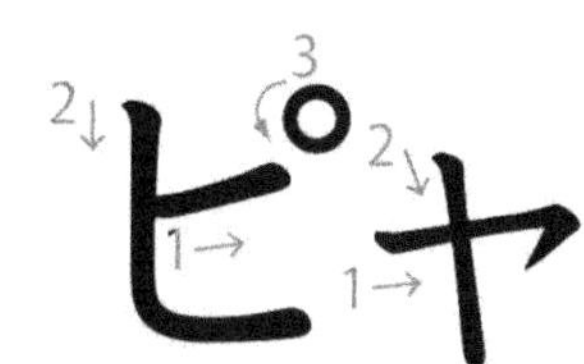

ピャ ピャ ピャ

ピャ	ピャ	ピャ	ピャ	ピャ	ピャ	ピャ	ピャ	ピャ	ピャ	ピャ	
ピャ	ピャ	ピャ	ピャ	ピャ	ピャ	ピャ	ピャ	ピャ	ピャ	ピャ	
ピャ											

pyu

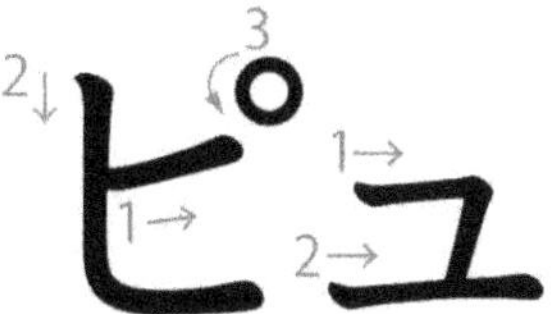

ピュ ピュ ピュ

ピュ	ピュ	ピュ	ピュ	ピュ	ピュ	ピュ	ピュ	ピュ	ピュ	ピュ	
ピュ	ピュ	ピュ	ピュ	ピュ	ピュ	ピュ	ピュ	ピュ	ピュ	ピュ	
ピュ											

pyo

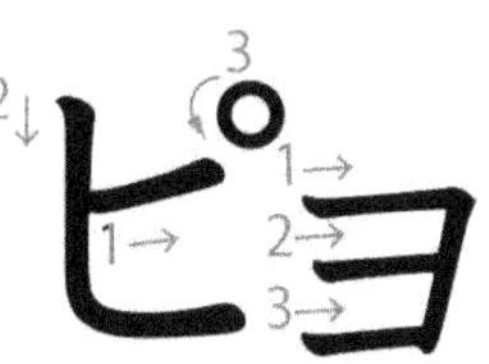

ピョ ピョ ピョ

ピョ	ピョ	ピョ	ピョ	ピョ	ピョ	ピョ	ピョ	ピョ	ピョ	ピョ	
ピョ	ピョ	ピョ	ピョ	ピョ	ピョ	ピョ	ピョ	ピョ	ピョ	ピョ	
ピョ											

Tabellen von katakana

	a-Spalte	***i***-Spalte	***u***-Spalte	***e***-Spalte	***o***-Spalte
a-Zeile	ア a	イ i	ウ u	エ e	オ o
ka-Zeile	カ ka	キ ki	ク ku	ケ ke	コ ko
sa-Zeile	サ sa	シ shi	ス su	セ se	ソ so
ta-Zeile	タ ta	チ chi	ツ tsu	テ te	ト to
na-Zeile	ナ na	ニ ni	ヌ nu	ネ ne	ノ no
ha-Zeile	ハ ha	ヒ hi	フ fu	ヘ he	ホ ho
ma-Zeile	マ ma	ミ mi	ム mu	メ me	モ mo
ya-Zeile	ヤ ya		ユ yu		ヨ yo
ra-Zeile	ラ ra	リ ri	ル ru	レ re	ロ ro
wa-Zeile	ワ wa				ヲ wo
ン n					

	a-Spalte	***i***-Spalte	***u***-Spalte	***e***-Spalte	***o***-Spalte
ga-Zeile	ガ ga	ギ gi	グ gu	ゲ ge	ゴ go
za-Zeile	ザ za	ジ ji	ズ zu	ゼ ze	ゾ zo
da-Zeile	ダ da	ヂ ji	ヅ zu	デ de	ド do
ba-Zeile	バ ba	ビ bi	ブ bu	ベ be	ボ bo
pa-Zeile	パ pa	ピ pi	プ pu	ペ pe	ポ po

キャ kya	キュ kyu	キョ kyo
シャ sha	シュ shu	ショ sho
チャ cha	チュ chu	チョ cho
ニャ nya	ニュ nyu	ニョ nyo
ヒャ hya	ヒュ hyu	ヒョ hyo
ミャ mya	ミュ myu	ミョ myo

リャ rya	リュ ryu	リョ ryo
ギャ gya	ギュ gyu	ギョ gyo
ジャ ja	ジュ ju	ジョ jo
ビャ bya	ビュ byu	ビョ byo
ピャ pya	ピュ pyu	ピョ pyo

DANKSAGUNGEN

Wir danken Ihnen für den Kauf dieses Buches und hoffen, dass sein Inhalt Ihnen beim Erlernen der japanischen Sprache nützlich war :)

Wenn Sie dieses Buch nützlich fanden, können Sie es gerne mit Ihren Freunden und Ihrer Familie teilen.

Bitte teilen Sie uns auch Ihre Meinung auf Amazon mit, um zu erfahren, ob dieses Buch Ihnen geholfen hat und ob es Ihnen gefallen hat. Wir sind ein junger, unabhängiger, familiengeführter Verlag, daher kann jedes Feedback einen großen Unterschied machen und uns helfen, uns zu verbessern. Wir wären Ihnen sehr dankbar.

Scannen Sie dazu einfach den unten stehenden QR-Code, um direkt auf den Amazon-Review-Bereich des Buches zu gelangen.

Denken Sie daran, wie vielen Menschen Sie allein mit dieser Rezension und mit Ihrer ehrlichen Meinung über dieses Buch helfen würden.

Nochmals vielen Dank für Ihr Vertrauen! (und gutes Lernen)

www.ingramcontent.com/pod-product-compliance
Lightning Source LLC
Chambersburg PA
CBHW041812110726
48006CB00019B/2360

* 9 7 9 1 0 9 5 5 6 7 0 5 9 *